SeaEagle

SeaEagle

怕，就會輸一輩子

我們都曾不堪一擊，我們終將刀槍不入

想要佔山為王，就要有熊心豹子膽！

人生這個舞台一旦拉開序幕，
不管如何恐懼，都要演到結尾！

寫給那些
總是害怕來不及
總是害怕能力不夠
總是害怕不完美
總是害怕跨出第一步的年輕人

吃麵都加醋的**老張**/著

前言

想要佔山為王，就要有一顆熊心豹子膽。怕，就會輸一輩子。勇敢，就是去做自己害怕的事情！

生命的意義，就是改變。想要改變，就要勇敢。想要勇敢，就要克服內心的恐懼。我們的一生非常短暫，有時候來不及回首就已經暮年。想要從有限的生命中求取更多的生活，就要徹底克服恐懼。因為，恐懼會使我們失去抵抗力，讓我們萎縮不前。

任何人都無法脫離社會而獨立存在。既然在社會生活，就要與社會融合。融洽的人際關係、和諧的交往氛圍、歡樂的生活場景……這些都是生命過程中必須具備的要素。只要我們的內心強大，所有問題都可以解決。

很多人都渴望成功，但是卻不敢追求成功。原因不是他們的能力不夠，而是他們在心裡認為自己能力不夠，給自己限定成功的「高度」，並且形成一種心理暗示：成功是不可能的，我實在是無法做到。這種消極的心理暗示，只會阻擋他們的腳步，摧毀他們的意志，磨滅他們的鬥志。因此，任何時候都不要給自我設限，只有打破心理限制，才可以有所超越。

我們最大的限制，就是無法突破內心的限制。只有內心勇敢，才可以推開屬於自己的那扇虛掩的潛能之門，才可以最大限度地開發自己內在的潛能。**很多時候，困難和阻力其實不可怕，可怕的是：它們被我們在心裡放大。**只有突破內心的限制，才可以克服困難和阻力，達到人生的高峰。

有些人終其一生都沒有發現自己的潛力，這是他們最大的遺憾。只有正確地審視自己、深刻地認識自己，才可以發揮自己無窮的智慧，才可以完全表現自己的價值和才華。

面對危機和危險等境況的時候，恐懼是我們正常的心理反應，生來什麼都不怕的人幾乎很少見。每個人的情況不同，都會有自己害怕的東西。應該如何克服恐懼心理？本書將會幫助你找到答案。

本書可以給你強大的精神力量，可以讓畏首畏尾的你找回丟失已久的勇氣；可以讓不知所措的你振作精神，追求成長的快樂；可以讓躊躇不前的你放下包袱果斷前行；可以讓際遇不佳的你綻放光明，重新擁有無可匹敵的自信。

本書透過不同人士成功的經驗和教訓，告訴正在奮鬥的你：只有不屈服於命運，只有敢於奮鬥，才可以獲得巨大的成功，才可以擁有自己想要的生活。

全書簡明扼要，通俗易懂，完全摒棄繁冗與博雜，只選取與我們日常工作、生活、社交場合息息相關的事例，言簡意賅，鞭辟入裡，幫助我們塑造強大的精神氣場。

告別恐懼吧！只需要記住：勇者無敵。

目錄

前言

一第1章一告別自卑

輸，並不丟臉；怕，才沒面子

不要把殘障當作缺陷，你有自己獨特的美……17
自己足夠強大，就沒有什麼可怕的……20
相信自己，我可以解決這件事情……27

找到自己的發光點，就可以找到人生座標……35
即使是小草，也要有抵擋寒霜的勇氣……40
克服恐懼，才可以擁有出色的應變能力……44

一第2章一克服恐懼

只要無畏，就是無人可擋

敢於發掘自身潛能，不要把自己荒廢……53
冷板凳不可怕，關鍵是要把它坐熱……57
不要害怕開口，溝通是人際關係的潤滑劑……63
勇氣不是不害怕，而是即使害怕也可以堅持下去……69
讓自己看起來像一個精英……75

一第3章一拒絕拖延

做好每件事情，還有什麼可怕

開始以後，就不要停止……83

必要的時候，請耐心等待……88

生下來就要活下去，不要停止行動……91

不要擔心沒有準備好，現在就開始去做……97

必要的時候當機立斷，才可以搶佔先機……100

一第4章一面對挫折

不屈從厄運，才可以走出困境

不要害怕跌倒，重要的是：趕快爬起來……107

沒有成功，是因為沒有挫折搭建你的才華……115
在絕境中，才有機會重生……118
失敗不可怕，可怕的是：不敢面對失敗……124

一第5章一拒絕投機

只要有準備，就不怕沒有機會

不是每個人都有機會，不要輕易錯過……135
如果沒有充分準備，機會來了也會溜走……139
術業有專攻，只走適合自己的路……142
不讓一日閒過，人生才會更富有……146

一第6章一積極進取

即使是沙漠，也要把它變成綠洲

不要吝惜自己的讚美……153
只要心中有路，全世界都會為你讓路……159
即使內心悲傷，也要給自己找一千個理由微笑……163
擁有豁達心胸，不要讓情緒成為負擔……167
每天前進一小步，促使人生大進步……173
努力的同時，不要忽略沿途的風景……177

一第7章一志在奮鬥

敢做敢闖，才可以不負此生

敢於取捨，關注最重要的事情……183
貧窮不可怕，可怕的是：心裡想著貧窮……187
沒有規劃的人生，談不上成功……192
一次只做好一件事情……195
做自己的伯樂，隨時關注自己的進步……199
與其在安逸中老去，不如在風雨中綻放……201

—第8章—堅定目標

勇敢就是，去做自己害怕的事情

猶豫不決是絆腳石，不要讓它阻礙我們……209
目標給我們的能量，超出我們的想像……214

只要有夢想，就距離成功不遠……219
沒有信仰不可怕，可怕的是：有信仰不行動……221
不要羞於開口，必須交幾個真心朋友……226
距離偉大的夢想，只有〇・五公分……232

一第9章一完善自我

與眾不同，自是無可替代

檢視自己的缺點，讓自己激情四射……239
槍打出頭鳥，我們需要聰明的「糊塗」……245
放下沒有必要的憂慮，天不會塌下來……250
習慣微笑，它會帶給你更多的機會……256

心懷感恩，善良可以幫助你贏得一切……259

第10章 升級自我

足夠優秀，才是自己最大的本錢

選對一本好書，勝過十年努力……267
想要成功，自己要先站穩……271
提著燈籠也要找，尋找自己一輩子的知己……275
認識誰不重要，受歡迎才重要……278
你就是一座金礦，你的價值超乎你的想像……282

一第1章一告別自卑

輸，並不丟臉；怕，才沒面子

Don't be too hard on yourself.

勇敢寓於靈魂之中，不是只憑一個強壯的軀體。

——卡山札基（希臘）

不要把殘障當作缺陷，你有自己獨特的美

「我熱愛自己的生命，沒有什麼可以阻擋我。」這是聞名全球的演講大師力克・胡哲經常說的一句話，也是振奮人心的一句話。我們很難想像，這句話出自於一個天生沒手沒腳的人之口，更難想像，就是這個人用言語和行動撼動數億人的心靈。

他出生的時候沒有四肢，跌倒再跌倒，不斷被嘲笑。他經歷一般人難以忍受的漫長黑暗，從失望到絕望再到充滿希望，終於成為心靈的強者，從一無所有到一無所缺。他以實際行動告訴世人，什麼叫做永遠不放棄。

與力克・胡哲遭遇類似命運的人很多，但是更多人會因為身體上的缺陷而感到自卑，走路

的時候總是低著頭，害怕別人看到自己。其實，可以不必這樣。身體上的殘障不代表心理上的殘障，因為最大的殘障是精神上的殘障。

出生於澳洲的力克・胡哲，天生罹患罕見的「海豹肢症」，沒有四肢。可想而知，他的生活有多麼艱難，甚至自己的生活也很難自理。但是經過努力，他不僅學會騎馬、游泳、打鼓、踢足球等技能，並且以驚人的毅力取得兩個大學的學位，在一家企業擔任總監，更於二〇〇五年獲得「澳洲傑出青年獎」。他為人樂觀、幽默、堅毅不屈，喜歡鼓勵身邊的人，年僅三十歲，足跡已經踏遍世界各地。

在他看來，這個世界上根本沒有什麼難事。他經常拿自己僅有的腳自嘲，稱其為「小雞腳」。許多我們必須用手足才可以完成的事情，例如：刷牙、洗頭、游泳，他都要付出超出常人百倍的努力。二〇〇五年，他被授予「澳洲傑出青年」的榮譽稱號，這是一項很大的榮譽。他不僅自立自強，也經常鼓勵別人要勇於面對並且改變生活，完成人生夢想的征程。他的幽默和笑容，深受人們的喜愛。

他沒有因為自己天生的殘障而感到自卑，而是積極樂觀地向人們展現自身無窮的魅力。他從十七歲開始演講，鼓勵人們不要屈服於命運。隨著演講的邀請信函不斷地湧來，他開始到世界各地三十多個國家和地區演講，並且創辦「沒有四肢的生命」組織，幫助有類似經歷的人們走出陰影。

他說：「人生最可悲的並非失去四肢，而是沒有生存希望和目標！我們經常埋怨什麼都不能做，但是如果我們只掛念想要擁有或是欠缺的東西，不珍惜已經擁有的，根本無法改變問題！真正改變命運的，不是我們的機會，而是我們的態度。」

事實正如他期盼的那樣，他開啟精彩的人生，也收穫完美的愛情。二〇〇七年，他移居到美國洛杉磯，但是他激勵人們不斷奮進的初衷卻始終沒有改變。

雖然他沒有健全的四肢，但是他有健全的心靈，有對生命的堅定信仰。一個沒有四肢的人都可以做到的事情，我們這些四肢健全的人還有什麼做不到？

殘障不是一種缺陷，身體殘障的人，他們的心靈是健康的。「既然有殘障者無法做到的事情，也應該有殘障者可以做到的事情。上天是為了讓我達成這個使命，才賜給我這樣的身體。」力克・胡哲的這句話，值得我們深思。

自己足夠強大，就沒有什麼可怕的

你是否曾經有類似的經歷：很多話想要說，卻一直沒有說出口；想要對別人反唇相譏，卻還是選擇咽下這口氣……這樣的情景，每天都在生活中發生。你有沒有問自己，為什麼害怕？有沒有試圖尋找害怕的原因？其實原因很簡單，就是對自己沒有信心。

對自己沒有信心的人很多，所以成功的人很少。怎樣才可以讓自己建立信心？建立信心的第一步，就是克服自我封閉的心理，把心靈之窗打開，讓更多的陽光照射進來。

過分浮誇的感情不可取，但是我們不能因此對真正打動自己的事物視而不見。如果我們試圖封閉自己的感情，戴上千篇一律的面具去生活，只會使自己的生活腐敗變質。

我們的內心世界是由感情凝結而成，所以我們才可以在朋友之間建立誠摯的友誼，才可以在夫妻之間建立美滿的家庭，社會才可以透過感情的紐帶協調運作。

真摯的感情無影無形，但是比任何實際的東西更有價值。正是因為如此，尋找失落的笑聲和真情，才會成為人們歷盡磨難以後的夢想。

個性開朗、熱情、奔放的人，根本沒有必要去追求少年老成的效果，以至於製造出一個扭曲的性格，它比肢體的殘障更令人悲哀。裝出一副老於世故的外表和麻木不仁的面孔，去迎合某種觀念和大眾化的口味，是脆弱和怯懦的表現。因此，走出自我封閉的圈子，注意傾聽自己心靈的聲音，並且勇敢地表現出來，生活才會美好而幸福。

我們要壓抑自己的感情，想要把它封閉起來的時候，有必要問自己：我害怕什麼？我為什麼不能更自由、更真實地生活在世界上，而不是在面具裡？

為了生活得更快樂、更有意義，請你摘下成年人的面具，重視自己的內心吧！

信任別人和自己

如果我們對剛認識的人表現冷淡，表示我們對人們的信任感和天真的直覺已經被自我封閉的壓力毀滅，無法從自己周圍的人群中獲得樂趣。

這個時候，我們應該放鬆自己緊張的生活節奏，不妨和初次見面的人打招呼，或是在自己經常去買東西的商店裡和店員聊天，或是和剛認識的朋友一起參加郊遊。努力尋找童年的時候交朋友的感覺，信任別人和自己，不要隨時都是疑竇叢生。

對自己說「沒關係」

在生活中，我們經常被各種傷腦筋的事情壓得喘不過氣。真的有那麼多煩惱嗎？其實，許多事情沒有什麼大不了，只是我們把它們放大而已。我們要學會對自己說「沒關係」，這樣一來，自己的生活就會經常充滿開懷的笑聲。

順其自然地生活

不要為某件事情沒有按照計畫進行而煩惱，不要為某次待人接物不夠周全而自怨自艾。如果我們對每件事情都是精心策劃以求萬無一失，就會不知不覺地封閉自己的感情。

應該重視生活中偶然的靈感和樂趣，快樂是一個重要的價值標準，有時候可以讓自己高興一下，不要為了解決某個難題而忙碌。

真實的感情不需要打扮

害怕別人說長道短而掩飾自己最有價值的某個部分，這種做法沒有任何道理。

正如巴魯克教授所說：即使做錯事情，我們也不會太難過。生活中很多事情都是這樣，遵從自己的內心，聽取心靈的聲音，給自己足夠的信心。

當然，想要建立信心，就要消除對生活的恐懼。

面對生活，每個人都會產生某種恐懼：恐懼沒有錢，恐懼沒有出路，恐懼沒有人理解，恐懼批評，恐懼健康不佳，恐懼失去愛，恐懼失去自由，恐懼衰老，恐懼死亡……

恐懼的理由有很多，但是最可怕的是對貧窮和衰老的恐懼。我們把自己的身體當作奴隸來驅使，因為對貧窮恐懼，所以希望積聚金錢以備年老之需。這種普遍的恐懼給我們造成很大的壓力，促使身體過度勞累，極度困惑。

大多數人都瞭解，只要運用想像力，就可以發揮創造力。他們曾經閱讀一些偉人傳記，這些偉人本來也是普通人，都是克服重大的缺點與障礙之後，才成為偉大的人物，但是他們無法想像這種情形會發生在自己身上。

他們使自己安於平凡或失敗，並且在希望與嫉妒中度過一生。他們養成回顧過去的習慣（加強失敗的意念），並且幻想同樣的情形會一直出現（預測失敗）。他們受制於別人制定的標準，因此經常把目標放得高不可及。他們不相信夢想可以真正實現，也沒有充分準備有所成就，因此他們不斷地失敗。

失敗已經固定在他們的自我心態中，就在事情似乎有突破或是有進展的時候，他們把事情搞砸了。事實上，對成功的恐懼，使他們拖延成功必需的準備工作以及創造的行為。為失敗找出合理解釋，正好可以滿足這種微妙的感覺：「如果你們也經歷我的遭遇，你們也不會有所進展。」

因此，我們現在對生活的恐懼是因為早期沒有得到信心的鼓勵，我們如果不克服這種恐懼，就會嚴重影響今天的發展。因為在恐懼控制的地方，不可能達成任何有價值的成就。**有一位哲學家說：「恐懼是意志的地牢，它跑進裡面，躲藏起來，企圖在裡面隱居。恐懼帶來迷信，迷信是一把短劍，偽善者用它來刺殺靈魂。」**我們想要改變自己，首先就要克服恐懼，肯定自己。

怎樣克服恐懼？

首先，進行自我激勵，不斷對自己說：「沒有什麼好怕的，我一定可以做好。」自我激勵就是鼓舞自己做出抉擇，並且轉化為行動。自我激勵可以提供內在動力，例如：本能、熱情、情緒、習慣、態度、想法，可以使自己開始行動。

其次，開始行動，用事實克服恐懼。很多事情沒有進行的時候，經常會感到恐懼，開始進行以後就不會恐懼。完成這件事情的時候，就可以克服恐懼，建立信心。

再次，想像事情的最壞結果，如果可以承受最壞的結果，就沒有必要恐懼。例如：失業了，又會怎麼樣？可以做自己想要做的事情。

所以，這個世界上根本沒有什麼事情是可怕的，一切源於自己的內心。心無畏，就無懼。

相信自己，我可以解決這件事情

人生在世，無論感情、家庭、工作、學習、生活，都會面臨許多問題，有些問題甚至讓人煩惱得無法入睡。我們面對困惑或是困境的時候，不妨問自己：我可以解決這件事情嗎？

答案有兩個：一是自己可以解決，二是自己無法解決。如果自己可以解決，還要煩惱什麼？如果自己無法解決，煩惱有什麼用？總之，任何事情都不必煩惱。每個問題的出現，都會有許多解決問題的方法，只看自己是否用心尋找。

我們都知道悲傷和情緒低落對健康非常不利，可是有時候無法擺脫這些不利因素的影響。以下介紹由美國科學家提出的五種方法，可以幫助我們擺脫這種狀況：

適當的運動

運動可以使我們忘記悲傷，恢復信心，也有許多好處：促使全身肌肉緊張，改變血液中的內分泌激素，減少大腦皮層疲勞，減輕大腦和心臟在代謝方面的過度負擔，提高自律神經系統的能力。

合理的營養

科學家相信，維生素和胺基酸對人類的心理健康很有幫助。他們發現，脾氣暴躁而且悲觀的人在改善營養以後，大腦中用來維持正常情緒的去甲基腎上腺素會大大增加，進而在很大程度上幫助自己克服情緒低落，避免這些不利因素對大腦和心臟的影響。

換一個角度思考問題

實際上，情緒低落都是因為思維方式錯誤所導致。克服情緒低落的具體方法是：每天注意自己情緒的變化，可以把一些問題記下來，把自己不良的情緒起因寫在第一部分，在第二部分寫上完全相反的意見，並且努力在心中默想第二部分是正確的，第一部分引起情緒低落的原因大多數可能是因為自己主觀臆斷造成的。

擴大自己的交際網

有人說：「朋友是最好的藥。」研究顯示，一個人得到別人的幫助以後，通常也會願意幫助別人。互相幫助是一種高尚的品格，也是一件讓人們感到快樂的事情。長期和好朋友在一起，可以使我們感到愉快，甚至使我們長壽。

檢查自己的甲狀腺

一些美國科學家認為，悲傷和情緒低落不是屬於心理學的範疇，而是屬於生理學的範疇。他們認為，這種狀況主要因為內分泌和激素失調而引起，低血糖也有可能引起，因此應該請醫生檢此外，有一些藥物也會對我們的情緒造成不良影響，例如：控制高血壓的藥物。為了避免這些藥物的副作用，就診的時候應該把自己的情緒因素告知醫生，以便醫生可以在開立處方的時候掌握。

擺脫悲傷和情緒低落以後，就要立刻消除自我偏差心理和自我挫敗行為。這就要求我們培養一種全新的思維方式，相信自己隨時都可以做出正確抉擇。

自卑是人們對自己虛設的一種自我否定，也就是人們經常說的「自己瞧不起自己」，缺乏自信。這種心理通常表現為害怕失敗，或是無法正確對待失敗。

不敢面對缺乏能力的自己——刻意逃避自己。事實證明，有自卑感的人總是畏縮不前，經常「不戰自敗」。

害羞的人經常擔心自己被別人否定，總是把別人看作是自己的法官，與別人交往的時候，就會感到不自在。特別是和名人或是比自己程度高的人交往，這種「不自在」就像芒刺在背，久而久之，就會把自己封閉起來，不與別人交往。

一位心理學家指出：「愚昧是產生恐懼的泉源，知識是醫治恐懼的良藥。」想要走出自我封閉的圈子，就要正確認識自己，勇敢地面對別人，進而走向成功人生。

狄奧多・羅斯福，這位據說是美國歷史上最勇敢的總統，之前是一個自卑而怯懦的人。他在自傳中說：「有一次，我讀到一本書，書中有一位英國軍艦艦長告訴人們怎樣才可以勇敢：『你可以裝作不害怕的模樣，時間一長，就會變成一個勇敢的人。』我相信這種說法。那個時候，我害怕的東西很多，從灰熊和烈馬到士兵，見了就躲。後來，我讓自己裝出不害怕的模樣，果然，逐漸不會害怕。我想，自己的性格和情感都可以選擇，如果選擇勇敢，就會使自己變成一個勇敢的人。」

人之初，性本同。我們從母體脫胎而出的時候，無所謂外向或內向、樂觀或悲觀、自尊或自卑、開朗或憂鬱、熱情或冷漠、剛強或柔弱、灑脫或卑瑣。現實生活中的芸芸眾生，性格千差萬別、情感千姿百態，原因不僅在於先天的遺傳和胎教，更是在於後天的陶冶和選擇。

然而，對於這個不深奧的道理，許多人卻不知道。根據心理學家調查分析，十八歲以上的成年人之中，至少有七五％的人屬於外界控制型，他們總是認為：自己的情感是無法控制和選擇的，憤怒、恐懼、怨恨、愛慕、喜悅、歡樂等情感，只能自然而然地產生，自己對它們無能為力。尤其是各種煩惱和憂愁之事，只能接受不能拒絕，更不能隨意改變。如果我們對這種觀念稍加分析就可以發現，它是一種在自我偏差心理驅使下的自我挫敗行為——完全聽天由命，任憑不良情感擺布，結果往往是身未行而心先死、志未酬而意先滅。

其實，我們可以磨練自己的性格，也可以選擇自己的情感，更可以消除心理上的所有障礙。關鍵在於：用寬廣的眼光去認識和看待外在的世界，用豁達的心境去認知和感受自身的遭遇，用頑強的意志去改造和優化周圍的環境。

第二次世界大戰期間，一位名叫維克多‧弗蘭克的精神病學博士在納粹集中營被關押很長時間，飽受生活上的欺凌和人格上的侮辱。在那些暗無天日的日子裡，每天都有因為受到折磨而發瘋的人。

於是，他強迫自己不去思考那些倒楣的事情，而是回憶自己以往經歷的各種喜事和樂事，並且刻意幻想今後生活中將會遇到的各種好運和奇蹟，使自己隨時處於無憂無慮的情感中，臉上經常浮現燦爛的笑容。

最後，他從集中營被釋放出來重新獲得自由的時候，他的家人和朋友簡直不敢相信，一個在集中營受盡凌辱的人竟然可以保持如此年輕而不衰老的心態。

消除自我偏差心理和自我挫敗行為，主要在於培養一種全新的思維方式，相信自己隨時都可以做出正確抉擇。情感是我們對外界事物的心理反應，是一種主觀上的可選因素，而不是客觀上的必然因素。生活中的許多煩惱和憂愁，經常是「庸人自擾」的結果。有些事情本來不嚴重，甚至根本不算什麼，可是由於一些人對生活的理解不夠豁達，往往有意無意地強化問題和障礙的「能量」，使問題和障礙變成許多扼殺生命活力的繩索和羈絆人生之旅的枷鎖。

精神可以擊敗厄運，情感可以支配人生。只要我們勇於消除自我偏差心理和自我挫敗行為，善於選擇和培養豁達樂觀和健康向上的心境與情感，並且以此為基石來砥礪意志和啟動智慧，人生旅途上的高山峻嶺和艱難險阻就會化為齏粉。

人類的精神具有無窮的力量，可以改變自己的所有缺點，無論是先天的還是後天的，只要我們意識到自我，意識到不改變就不會成功，就可以改變自己。

首先，要有走向成功的願望。

其次，要敢於表現自己的長處。

再次，在別人面前承認自己的缺點，不僅不會沒有面子，反而會贏得別人的尊敬。

最後，多與別人交談，敞開心扉，可以寬容別人，別人也可以寬容自己。

如果我們可以靜下心來，按照上述四點去進行，所有的問題就不會是問題。

找到自己的發光點，就可以找到人生座標

世界上沒有完全相同的兩片樹葉，人類也是這樣，每個人都是上帝的寵兒，都是獨一無二的，都有自己的發光點，都是不可替代的。

從生理學上說，每個人都有與眾不同的特徵，包含DNA和指紋。從社會學上說，每個人的社會關係也是與眾不同的，所以這個社會離不開每個人。我們應該有自信，只有自信才可以扮演自己的角色，不管是主角還是配角。

每個人都有自己的優點和長處！我們的發光點，就是我們在自己的人生道路上為自己選定的人生座標。找到這個座標，就可以充分發揮自己的智慧，為社會貢獻自己的力量，實現自己的人

生價值。

結合到實際中，無論是在選擇職業還是創業過程中，都要瞭解自己的興趣和優點，並且充分利用它們。就像一個射擊選手，想要取得優異的成績，不僅要有良好的槍法，也要有精確的準星，只有二者結合起來，才可以使子彈準確無誤地射向目標。

二十世紀三〇年代美國經濟大蕭條的時候，雷根在伊利諾州一個公園游泳池擔任救生員。他經濟拮据，沒有方向，一事無成，不知所措。

有一天，當地一位名人愛斯杜拿到那裡游泳，與雷根閒談起來，這位先生一向是以樂觀自信而著稱。

「經濟衰退的情況不會是永久的。有志向上的年輕人應該把握這個時機，在這段時間學習創業的竅門。經濟開始復甦的時候，機會的大門就會打開，這些把握時機的年輕人就會成為國家未來的主人翁。」愛斯杜拿對雷根說。

那個時候，雷根最關注的是一個月以後是否會失業，根本沒有興趣聆聽這些「過分樂觀」的話語。

「年輕人，你喜歡在未來的數十年做什麼工作？」愛斯杜拿沒有在意雷根無奈的表情，繼續追問。

「先生……我沒有想過。」剛滿二十歲的雷根怯懦地說。

「沒有想過，現在就要認真思考。」這位善良的長者絲毫不肯放鬆。雷根本來想要告訴他，自己的志願是成為一個演員，但是他沒有勇氣，於是他說：「我希望成為一個電台的體育轉播員。」愛斯杜拿接下來的一番話，對雷根的一生有決定性的影響。

「你要相信自己——只要你願意做，就可以做到。每個人都可以有美好的將來——只要願意敲門、願意嘗試、願意努力！」

就是因為這句話，伊利諾州的公園少了一個救生員，美國多了一位偉大的總統——由救生員到三流演員到加州州長再到美國總統，雷根終於實現人生的超越。

日本著名學者本村久一曾經在《早期教育與天才》一書中說：**「所謂的天才，是指有毅力的**

人、勤奮的人、入迷的人、忘我的人。但是千萬不要忘記：毅力、勤奮、入迷、忘我的出發點，實際上在於興趣。有強烈興趣就會入迷，入迷就會勤奮有毅力，最終達到忘我。因此，我特別想要說的是，天才就是強烈興趣和頑強入迷。」確實，一個人無論從事什麼職業，只要有興趣，就可以發揮自己的想像力和創造力，所以我們在認識自我的時候，首先要瞭解自己的興趣，對於挖掘自己的「金礦」有至關重要的意義。

有時候，興趣不能代表所有事物。我們的「發光點」不是簡單的興趣可以決定的，想要真正認識自己，就要瞭解自己的性格，因為性格對自己的發展影響深遠。某些特定性格的人，比較適合從事某些特定的工作；某些特定的工作，也需要某些特定性格的人從事。例如：以理智去衡量一切並且支配其行動的人，適合從事某項理論的研究工作；情緒波動比較大以及情感因素比較重的人，不適合從事理論研究工作，否則對理論研究的嚴肅性和嚴密性會造成一些不良影響。又例如：溝通工作或是管理工作，適合活潑好動和喜歡交際的人；難度比較大的工作，適合精力旺盛和具有直率性格的人……但是性格對人生座標的影響也不是絕對的，我們還要結合自身的智力程度，包括社交能力、抽象思維能力、實際操作能力，綜合考慮自己的發展方向。

總之，我們在真正認識自己「發光點」的時候，要力求全面、客觀、公正。只有這樣，我們才可以找到自己的人生座標，才可以更快速地走向成功。

即使是小草，也要有抵擋寒霜的勇氣

即使我們是一棵小草，也要活出自己生命的顏色，也要有抵擋寒霜的勇氣。

現實中，經常聽到有些人抱怨自己沒有錢，工作不好，住房不好，生活不好……他們從來不問，自己到底有多麼好？每個生命來到這個世界上，都是肩負不同的使命。即使我們不是黃金，就算只是一根鐵釘，也要發出自己的光芒，如此才會不負此生。

人生的道路上，我們不需要太多喝采，但是要不斷給自己加油。這個世界上，誰是真正可以打敗我們的人？只有我們自己。

在人生的旅途中奮鬥，我們不能輕易認輸，相信只要自己努力就沒有什麼無法戰勝。然而太多的時候，面對惡劣環境，面對天災人禍，面對許多困難和挫折，是我們在心理上先否定自己，因此選擇放棄，選擇失敗。

古希臘著名的演說家狄摩西尼，起初因為口吃經常被別人反駁得沒有還擊之力，遭到別人的嘲笑。也許有很多人會說，這是他的能力無法達到的，放棄才是明智的選擇。然而，他每天清晨堅持演說，經過不懈的努力，成為當時最著名的演說家。

由此可見：天生的缺陷，別人的嘲笑，以及各種的理由，都不是阻礙我們成功的荊棘。為了安穩享樂，為了蠅頭小利，為了達到暫時的滿足，然後放棄堅持和奮鬥，才會讓我們無法超越自己。

古往今來，許多成功者都是對「戰勝自己」最完美的詮釋。如果我們還在退縮，就要立刻明白，戰勝自己是如何急迫；如果我們還在猶豫，就要立刻明白，那些成功者是如何走來；如果我們已經在向自己挑戰，就要繼續堅持，成功最終會向我們敞開胸懷。

在人生的關鍵時刻，審慎地運用智慧，做出正確的判斷，選擇正確的方向，及時檢視選擇的角度，適時調整。放棄無謂的固執，以開放心態冷靜地做出正確抉擇，才可以指引自己走向成功的坦途。

人生如海，潮起潮落，既有春風得意和高潮迭起的快樂，又有萬念俱灰和惆悵漠然的淒苦。如果把人生旅途描繪成為圖畫，一定是高低起伏的曲線，比呆板的直線更豐富。

「人生得意須盡歡，莫使金樽空對月。」我們快樂的時候，不妨盡情地享受快樂，珍惜自己擁有的一切。生活的痛苦和不幸降臨到我們身上的時候，也不要怨嘆和悲泣。

許多人處於生命低谷的時候，只會不斷抱怨和苦惱，長期沉溺其中無法自拔，終日被淚水和不良情緒包圍。其實仔細思考，抱怨和苦惱有什麼用？只會徒增痛苦，讓自己墜落得更深更慘！

為什麼不換一個角度思考問題，與命運抗爭？

許多偉人都是在生命低谷中成就不朽的事業，為什麼他們可以創造生命的輝煌，我們卻不能？

生活中的低潮湧向我們生命之岸的時候，讓我們慶幸吧，慶幸自己終於有時間思考，終於有時間審視自己，然後積蓄力量，伺機待發，生命的輝煌就會來臨！

人生的道路充滿選擇和轉折，我們處於生命低谷的時候可能預示轉折的來臨。人生的不幸向我們昭示的不只是災難，或許是告訴我們，原來的生活方式不適合自己。它用不幸來提示我們，讓我們暫時心灰意冷，給我們一個靜心思考的機會。這個時候，如果我們可以抓住命運之神給予的暗示，前面的道路就會豁然開朗。

克服恐懼，才可以擁有出色的應變能力

有些人不必開口，氣勢就可以壓倒眾人，表示他們有足夠的勇氣。勇氣是一個人信心的表現，有些人不怒自威就是這個道理。

一個人的應變能力，可以反映其綜合素質，包括心理素質和知識程度。有足夠的勇氣，做事就會有信心，就可以收放自如，提高成功的機率。

一個人的性格，不僅會影響其勇氣，也是影響其應變能力的關鍵因素。因此，我們應該在平時有意識地克服恐懼，以培養自己在關鍵時刻的應變能力。

美國皮套業的明星約翰・比安奇曾經是一位警官，只是喜歡在業餘時間做皮套。後來，他創辦美國最大的製造皮套和皮帶公司——比安奇國際公司，專門提供執法人員和軍方使用，也擔任亨廷頓公司的顧問和瑟法里公司的發言人。比安奇在這個行業有極大的吸引力，他出現在展覽台的時候，展示廳的人們排著隊伍，只為一睹他的風采，就像西部的鄉村歌星會見自己的歌迷。

他曾經說過一個故事：「信不信由你，三十八年以前，我年輕的時候，在咖啡廳工作，看見公司的老闆進進出出。我觀察他們的時候，就問自己：什麼使他們與眾不同？他們在做什麼？我應該認真思考。我發現一件非常重要的事情——他們有一個重要的特點，那就是：充滿信心。他們無所畏懼，他們充滿信心。從那個時候開始，我反覆思考，後來發現，恐懼是許多問題的根源。你必須對自己有信心，如果自己沒有信心，任何人也無法相信你。」

一般說來，想要克服恐懼，擁有出色的應變能力，就要做到以下幾點：

保持高度的冷靜

無論出現什麼情況，都要保持高度的冷靜，不要讓自己失態。例如：在一次商業談判中，對方談到價格的時候，突然說出你的最低價格，實在是太欺負人……如果你不冷靜，情緒過分緊張或是激動，很可能無法應付局面，或是承認事實（表示在價格上讓步，信譽受到損失，失去對方的信任），或是憤怒爭辯，很可能不歡而散。但是如果你冷靜，就可以立刻找出理由，例如：價格低廉不保證退貨維修，某個方面沒有運用新材料和新技術，或是付款方式和供貨期限不同。你總是可以找出理由來挽救局面，使彼此都有繼續討論的機會。

保持強烈的自信

無論出現什麼情況，一定要保持強烈的自信，使自己處於主動地位。例如：在人際交往中，有一個自己不喜歡的人，應該怎麼辦？最好採取主動，伴隨自信的微笑，以強者姿態控制局面。

適時地打圓場

在任何情況下，都應該可以「打圓場」，以消除和弭平衝突，給自己和對方找台階，使氣氛由緊張變為輕鬆、由尷尬變為自然。很多時候，為別人解圍比為自己掩飾更重要，一方面表示自己對別人的理解和尊重，另一方面也給自己留下餘地。

巧妙地轉移話題

學會巧妙地轉移話題，分散別人的注意力。如果我們說錯話或是做錯事，除了迅速承認錯誤之外，還要巧妙地轉移話題，把別人的注意力轉移到其他方面。例如：用幽默或玩笑的方式轉移目標，把關於人的事情轉移到某種物上面，把令人緊張的話題變成輕鬆的玩笑。

聰明人往往知道在適當的時候結束原來的話題，開始另一個可以舒緩氣氛的話題，這樣可以避免不必要的衝突，也可以讓別人感受到自己的應變能力，進而給自己一個定位，不會輕視自己的存在。當然，這些要進行一些必要的口才和應變能力訓練才可以做到。

參加挑戰性強的活動

在實踐活動中，我們會遇到各種的問題和實際的困難，努力解決問題和克服困難的過程，就是增強自己應變能力的過程。

改變不良的習慣和惰性

假如我們總是遲疑不決、優柔寡斷，就要主動鍛鍊自己分析問題的能力，迅速做出決定。

假如我們總是因循守舊、半途而廢，就要從小事做起，努力控制自己，不達目標不罷休。只要下定決心鍛鍊，我們的應變能力就會不斷增強。

我們的一生，難免因為自己疏忽或是考慮不周而陷入不利局面，如何化不利為有利，使事情向良好方向轉化，是每個成功者必須具備的素質。因此，要在日常工作中有意識地培養應變能力，最重要的是：靈活面對突如其來的意外狀況。只有具備強大的知識儲備和良好的心理素質，在關鍵時刻才可以真正發揮自己的應變能力。

應變能力不是與生俱來的，需要在不斷的鍛鍊中累積經驗，不畏懼困難和問題，善於抓住解決問題的關鍵，才可以在交際場合處於主動，進而讓自己立於不敗之地。

一第2章一克服恐懼

只要無畏，就是無人可擋

Don't be too hard on yourself.

你如果想要嘗試勇者的滋味，就要像一個真正的勇者一樣，豁出全部的力量去行動。這個時候，你的恐懼心理將會被勇猛果敢所取代。

——邱吉爾（英國）

敢於發掘自身潛能，不要把自己荒廢

古籍《孟子・滕文公上》有云：「今滕，絕長補短，將五十里也，猶可以為善國。」後來演變為「取人之長，補己之短」，意思是說：吸取別人的長處，以彌補自己的不足。

如果可以取人之長，補己之短，就會在自己身上產生一股「合力」的作用，這種合力更可以推動自己由弱而強、由小而大，這是成大事者的共同特徵。只有充分發揮自身的優勢並且可以利用別人的優勢來彌補自身不足的人，才可以在競爭激烈的社會中取得成就。

每個人的潛能都是無可限量的，但是個人的能力還是有限的。年輕人的精力旺盛，認為沒有自己做不完的事情。其實，無論精力多麼充沛，也有一個限度，超過這個限度，就是自己不能及的，也就是自己的短處，所以合作就顯得更重要。同時，也因為自己的能力傾向與別人不同，每個人都有自己的長處和不足，就要與別人合作，用別人之長補自己之短。養成合作習慣的年輕人，才可以完善自己和發展自己。

人們的性格和能力有很大的差別，這些差別是長期養成的。正是這些差別，可以從事的工作性質就會不同。想要有所作為，首先要瞭解自己的性格和能力，然後選定一個適合自己的工作目標。與別人合作的時候，也應該注意分析別人的性格特點，盡可能使每個人都可以找到適合自己的工作。

每個人都有無限的潛能，但是被挖掘出來的很少，原因是：人們習慣自己的現狀，不想去改變。但是有外界的刺激不得不做出改變的時候，潛能就會爆發出來。

一個名叫史蒂文的美國人，因為一次意外導致雙腿無法行走，已經依靠輪椅生活二十年。他覺得自己的人生沒有意義，喝酒成為他忘記愁悶和打發時間的最好方式。

有一天，他從酒館出來，照常坐輪椅回家，卻遇到三個劫匪要搶劫他。他拼命吶喊和反抗，被逼急的劫匪竟然放火燒他的輪椅。輪椅很快燃燒起來，求生的欲望讓他忘記自己的雙腿不能行走，他立刻從輪椅上站起來，一口氣跑了一條街。事後，史蒂文說：「如果當時我不逃，就會被燒傷，甚至被燒死。我忘記一切，一躍而起，拼命逃走。我停下腳步以後，才發現自己竟然可以走了。」現在，史蒂文已經找到一份工作，身體健康，與正常人一樣行走，並且到處旅遊。

史蒂文殘障二十年，竟然因為一次意外而奇蹟般地恢復，說明什麼道理？人類的潛力到底有多大，沒有人知道，甚至自己也不知道。我們的生命受到威脅的時候，求生的欲望戰勝一切，可以在瞬間爆發巨大的能量。**著名作家柯林·威爾遜曾經用富有激情的筆調寫著：「在我們的潛意識中，在靠近日常生活意識表層的地方，有一種『過剩能量儲藏箱』，存放準備使用的能量，就像存放在銀行個人帳戶的錢一樣，在我們需要使用的時候，就可以派上用場。」**

如果習慣安逸的環境，我們就會變得遲鈍，無法看清外界的變化。所以，在風平浪靜的時候，就要養成良好的習慣，主動挖掘自己的潛力，嘗試自己以前從未做過但是很有興趣的事情。也許經過嘗試，就會發現自己做得很好，相當於又找到一條成功之路。

把挫折當作一種考驗，用積極心態去應對，可以從不同的角度去思考解決問題的方法，也許就可以找到問題的解決方法。這樣一來，不僅可以增強自己的信心，也可以挖掘自己的潛力。用心挖掘自己的潛能，不要讓無限的可能在自己的懶惰中睡覺。

冷板凳不可怕，關鍵是要把它坐熱

俄國作家托爾斯泰說：「人生不是一種享樂，而是一件十分沉重的工作。」月有陰晴圓缺，人有旦夕禍福，人生不可能永遠一帆風順。人生旅程，如同穿越崇山峻嶺，時而風吹雨打困頓難行，時而雨過天晴鳥語花香。苦難當道的時候，有些人自怨自艾，意志消沉，從此一蹶不振；有些人不屈不撓，與苦難進行鬥爭，成為生活的強者。

苦難是人生的必修課，強者視它為墊腳石，視它為財富；弱者視它為絆腳石，視它為挫折。天將降大任於斯人也，必先苦其心志。苦難是人生的沃土，是磨練意志的試金石。不經三九苦寒，哪來傲雪梅香？從古至今，苦難都是人生的寶貴財富，勇者在苦難面前永遠不會低下高貴的頭。

無論坐冷板凳的真正原因是什麼，都是磨練自己耐性和心志的機會。即使處於困苦，也不要惴惴不安；即使時運不濟，也不要鬱鬱寡歡。風雨過後，總會有彩虹出現。

為什麼會坐冷板凳？有以下很多原因：

個人能力不足

因為個人能力不足，只能做一些無關緊要的事情，但是還沒有到必須開除的地步。

老闆或主管有意考驗

想要成就大事，就要有面對挑戰的勇氣，還要有身處孤寂的韌性。有時候，想要培養一個人，除了讓他做事之外，也要讓他無事可做，一方面觀察，一方面訓練。這種考驗事先不會讓我們知道，知道就不算是考驗。

人事鬥爭的影響

在公司裡，老闆也會受到員工鬥爭的影響，如果我們不善於鬥爭，很有可能莫名其妙地失勢。「時勢造英雄」，很多人的崛起是由於環境造成的，因為他們的條件適合當時的環境，可是時過境遷，英雄無用武之地，這個時候只能坐冷板凳。

曾經犯過重大錯誤

在社會上做事不比在學校，失敗也不會怎麼樣，在社會上做事如果犯錯，就會讓主管和老闆對我們失去信心，因為他們不可能再用自己的本錢和職位來冒險，只好暫時把我們「冷凍」起來。

領導者的個人好惡

這是最不幸的一種情況，因為沒有什麼道理好說，主管或老闆突然不喜歡我們，我們只能坐冷板凳。

冒犯領導者

人類是感情的動物，在言語或行為上如果不經意冒犯領導者，就有坐冷板凳的可能。

威脅到老闆或主管

如果我們的能力很強，又不懂得收斂，讓老闆或主管失去安全感，就會受到「冷凍」。所謂「功高震主」，老闆害怕我們奪走商機，主管害怕我們晉升職位，冷板凳不給我們坐，還會給誰坐？

坐冷板凳的原因還有很多，在此不一一列舉。但是，與其在冷板凳上自怨自艾，不如調整自己的心態，努力把冷板凳坐熱。如何避免坐冷板凳？試試以下的方法：

強化自己的能力

在不受重用的時候，正是我們廣泛收集和吸收各種訊息的最好時機。強化自己的能力，時運一來，就可以躍得更高，表現得更亮眼！在這段坐冷板凳的期間，別人也會觀察我們，如果我們自暴自棄，恐怕永遠沒有翻身的機會。

建立良好的人際關係

我們坐冷板凳的時候，別人希望我們永遠不要站起來！所以，我們要謙卑，廣結善緣，不要提「當年勇」，那是無所助益的。「當年勇」只會使我們墜入「懷才不遇」的情境中，徒增自己的苦悶！

更加敬業，一刻也不疏忽

雖然我們做的可能是小事，也要一絲不苟地做好。我們把冷板凳坐熱的時候，就會得到很多讚美和掌聲，成為每個人敬佩的勇者。如果坐不住冷板凳，就會被別人看輕。

遭遇困境的時候，思考人生的目標

為了人生的目標，一切都可以忍！千萬不要意氣用事，發洩自己如岩漿般的情緒。忍閒氣、忍嘲弄、忍寂寞、忍沮喪、忍黎明之前的黑暗，終究會等到柳暗花明的時刻。

總之，只要我們為自己制定一個目標，並且具有強大的信念，堅信一定可以實現，無論板凳有多麼冷，我們也可以坐熱！

不要害怕開口，溝通是人際關係的潤滑劑

在生活中，每個人都希望關係融洽，溝通沒有障礙。如何建立良好的人際關係？其關鍵步驟就是：透過適當的交流，達成與對方的情感溝通。

與別人溝通的時候，我們必須做到以下幾點，以縮短彼此之間的距離：

投石問路

向河水投一塊石頭，探明水的深淺再前進，就可以有把握地過河。與別人交談，先提出一些「投石」式的問題，在略微瞭解別人的習性以後，再有目的地進行交談，就可以談得更自如。

縮短距離

與別人交談的時候，應該縮短彼此之間的距離，在短時間之內更瞭解別人，在感情上變得融洽。與別人尤其是陌生人交談的時候，想要達到投機的目的，就要在「一見如故」上做文章，也有許多方法：

適時看準情勢，不放過任何說話的機會；適時插入交談，適時「自我表現」，可以讓別人充分瞭解自己。

借用媒介，尋找自己與別人之間的媒介物，以此找出共同語言，縮短雙方距離。看到陌生人拿著東西的時候讚美幾句，以激起對方興趣，也會對順利交談有幫助。

留一些空缺讓別人介入，使他們感覺交談是和諧的，進而縮短距離。因此，與別人交談的時候，千萬不要把話說完，而是應該敞開心扉，與對方深入探討。

循趣入題

探明對方的興趣，循趣發問，可以順利進入話題。同時，引發話題的方法還有「借事生題法」、「即景出題法」、「由情入題法」。可以巧妙地從某件事情和某種情感，引發一番議論。引發話題，類似「抽線頭」、「插路標」，重點在引，目的在引出對方的話題。

即興引入

巧妙借用某件事情為題進行交談。善於借助對方的某個情況，即興引出話題，經常可以取得良好的效果。「即興引入」的優點是靈活自然，就地取材，其關鍵是要思維敏捷，可以進行由此及彼的聯想。

中心開花

面對許多人的時候，要選擇人們關心的事件作為話題，在談話中提出人們想要談論的熱門話題，以致引起許多人的議論和發言，導致「語花」飛濺。

除此之外，透過溝通，我們還要把自己的形象「刻在別人的心上」。想要做到這一點，就要從以下幾點入手：

說一百句話，不如用力握手一次

握手比語言交流更可以增進彼此的親密感，並且縮短與對方的距離。

接名片的時候念一遍

這樣做可以讓人感到你正在努力認識並且記住對方，進而增加對方的好感。

以全名向人打招呼

讓對方記住自己的姓名，是建立人際關係的起點。所以，碰面的時候立刻想起對方的姓名，必定可以增進彼此的親密感。

記住對方的生日

這樣做可以讓對方感覺到你對他的重視，互相尊重是人際交往的基礎。

見面十分鐘以內開口

必須在見面十分鐘之內消除彼此的陌生感，否則無法創造一個良好的溝通氣氛。

當面記下時間或是電話號碼

這樣做可以讓對方感覺你是一個「重視與我約會的人」，由此對你的依賴感也會隨之上升。

正所謂「燈不點不亮，話不說不明」，溝通就像「潤滑劑」一樣，可以實現人與人之間的情感交流，也可以消除誤會和減少磨擦，人際關係就會更融洽。

勇氣不是不害怕，而是即使害怕也可以堅持下去

在不幸面前，有沒有堅強剛毅的性格，在某種意義上說，也是區別偉人與庸人的象徵之一。真正的勇者，不是什麼也不怕，而是即使害怕也可以堅持下去。

在生活的海洋中，一帆風順地駛在彼岸的事情很少。學習上遇到困難，工作中受到挫折，生活上遭到不幸，事業上遭遇失敗，這些都有可能發生。不幸命運降臨的時候，我們應該怎麼辦？

唉聲嘆氣，自嘆「時運乖舛」，自認倒楣，這是一種態度。在打擊和磨難面前，只停留於無休止的嘆息，不會幫助我們改變現實，只會削弱我們和厄運抗爭的意志，使我們在無可奈何中消極地接受現實。

悲觀絕望，自暴自棄，也是一種態度。遇到挫折就悲觀失望，承認自己無能，這是意志薄弱、缺乏勇氣的表現，也是自甘墮落、自我毀滅的開始。用悲觀自卑來對待挫折，實際上是幫助挫折打擊自己，在既成的失敗中為自己製造新的失敗，在既有的痛苦中為自己增加新的痛苦。

怨天尤人，詛咒命運，又是一種態度。現實終究是現實，不會因為我們埋怨和詛咒而有所改變。遇到不幸的事情，惡語詛咒、怨天尤人，這是最容易的，卻是最沒有用的。每個人都會埋怨和詛咒，但是從埋怨和詛咒中得到好處的人卻從來沒有。事實上，在詛咒之中，真正受到傷害的不是詛咒對象，而是詛咒者自身。

巴爾札克說：**「苦難對於天才是一塊墊腳石，對於能幹的人是一筆財富，對於弱者是一個萬丈深淵。」**有些人在厄運和不幸面前，不屈服、不後退、不動搖，頑強地和命運抗爭，因此在許多困難中衝開一條通往勝利的道路，成為征服困難的英雄，以及掌握自己命運的主人。有些人在挫折和打擊面前，垂頭喪氣，自暴自棄，喪失繼續前進的勇氣和信心，最後成為庸人和懦夫。**培根說：「好運氣令人羨慕，戰勝厄運更令人驚嘆。」**

生活中，人們對於那些衝破困難和阻力、承受重大挫折和打擊而堅持到底的人，其敬佩程度遠在生活的幸運兒之上。征服的困難越大，取得的成就越珍貴，越可以證明我們是真正的英雄。接連不斷的失敗使愛迪生的助手們幾乎完全失去發明電燈的熱情，愛迪生卻依靠堅韌不拔的意志，排除來自各個方面的精神壓力，經過無數次實驗，終於為人類帶來光明。愛迪生的超人之處，就是在於他對挫折和失敗表現出的剛毅精神。

性格的剛毅，是在個人的實踐活動過程中逐漸發展形成的。如果我們想要培養自己承受悲慘命運的能力，可以在自己的生活中採用下列技巧：

下定決心堅持到底

局面越是棘手，越要努力嘗試。過早地放棄努力，只會增加我們的麻煩。面臨嚴重的挫折，只有下定決心堅持到底，加倍努力和加快前進的步伐，並且一直堅持到把事情辦成。

不要低估問題的嚴重性

現實地評估自己面臨的危機，不要低估問題的嚴重性。否則，想要改變局面的時候，就會感到準備不足。

做出自己最大的努力

不要畏縮不前，要使出自己全部的力量，不要擔心把精力用盡。

成功者面對危機的時候，總是可以做出更大的努力，不會考慮筋疲力盡這些消極因素。

堅持自己的立場

如果我們下定決心要往前方衝去，就要像服從自己的理智一樣，服從自己的直覺。承受家人和朋友的壓力，採取自己堅信的觀點，堅持自己的立場。是對是錯，應該相信自己的判斷和智慧。

生氣是正常的，但是要避免

不幸的環境把我們推入危機的時候，生氣是正常的。這個時候，我們必須明白，自己對造成這種困境有什麼責任；另一方面，我們有權利為了解決問題花費那麼多時間而生氣。但是，生氣是在拿別人的錯誤來懲罰自己，無論如何都要心平氣和。因為生氣無法解決任何問題，還有可能讓事情變得更糟。

不要想一次解決所有問題

經歷一次嚴重的危機之後，在自己的情緒完全恢復以前，要滿足於每次只邁出一小步。不要企圖成為一個超人，立刻解決自己所有的問題。選擇一件力所能及的事情，先把它處理好。每次對成功的體驗，都會增強自己的力量和積極的觀念。

找一個人來安慰自己

無論局面好壞，失敗者總是不斷抱怨。危機真正來臨的時候，人們很少會相信和安慰他們，因為人們已經習慣他們的消極態度。但是，如果你是一個積極的人，平時可以應付自己的生活，在困境中，你可以把自己的懊悔和恐懼告訴別人，給別人安慰你的機會，你應該得到這種支持，而且對於自己這種要求，你完全可以感到坦然。

堅持不懈，不斷嘗試

克服危機的方法，不是輕易就可以找到。然而，如果我們堅持不懈地尋找出路，願意不斷嘗試，就可以找到出路。保持頭腦的清醒，尋找那些在危機或困境中可能存在的機會。與其專注於災難的深重，不如努力尋找一線希望。

所以，即使我們身處混亂與災難，即使我們心存畏懼，也要堅持下去，它會把我們引到成功的方向。

讓自己看起來像一個精英

「相信自己可以成功的人，最後一定會走向成功！」這是成功學的一句名言。自信的概念非常簡單，就是：自己相信自己。相信自己，就是一個人對自己的力量和能力（包括潛能）有正確認識和充分評價，以及相信自己有能力實現自己的願望。

一個擁有自信的人，對自己的價值和能力十分肯定，善於挖掘自己的長處和優點；一個缺乏自信的人，永遠都在否定自己中生活，無法看到自己的長處，覺得自己比不上別人，不具有成功的「品格」。其實，他們不知道，自信作為一種穩定的心理品格，是自己成長和成功最重要的心理品格。想要事業獲得成功，其先決條件是：擁有強烈的自信。試想一下，如果我們不相信自己，不認同自己的能力，如何去挖掘屬於自己的「金礦」？

科學家曾經做過一個實驗：把跳蚤放在桌上，然後拍桌子，跳蚤立刻跳起來，高度在其身高的一百倍以上，堪稱世界上跳得最高的昆蟲！然後，用玻璃罩將跳蚤罩住再讓它跳，跳蚤碰到罩頂。連續多次以後，跳蚤無法跳到罩頂的高度。接下來，逐漸降低玻璃罩的高度，跳蚤都在碰到罩頂以後，主動改變自己的高度。玻璃罩接近桌面的時候，跳蚤已經無法再跳。最後把玻璃罩打開，再拍桌子，跳蚤仍然不會跳，變成「爬蚤」。

跳蚤變成「爬蚤」，並非它已經喪失跳躍的能力，而是由於已經適應自己調整的高度。最可悲之處在於：玻璃罩已經不存在，但是它失去「再試一次」的勇氣。因為玻璃罩已經在它的潛意識中，形成一種「思維定勢」，行動的欲望和潛能竟然被自己扼殺！科學家把這種現象稱為「自我設限」。

不僅跳蚤如此，人類也是如此。如果將這種思維定勢帶到生活和工作中，就會對生活和工作失去信心，成為現實中的「爬蚤」，不僅自己無法前進，還會影響團隊的整體實力。

缺乏自信的人，即使付出再多的勞力，最後只會在半途而廢和自怨自艾中一事無成。相反地，如果我們可以保持積極心態，在追求某個目標的時候，即使舉步維艱，仍然有所指望。

信心的力量是驚人的，它可以改變惡劣的現狀，達成令人難以置信的圓滿結局。可以嘗試以下這些建立信心的方法：

首先，我知道自己有能力達到生活的主要目標，所以要求自己為實現這個目標而持續努力，我現在就在這裡保證，一定要採取這樣的行動。

其次，我的主要思想會表現在實際行動上。我每天要用三十分鐘集中思想，思考自己要變成什麼樣的人。這樣一來，我會有意識地創造一個明確的心理影像。

第三，我知道透過自我暗示，自己意識中的任何欲望會以某種實際的方式得到實現。所以，我每天要用十分鐘，要求自己培養「我可以實現願望」的信心。

第四，我已經寫下一份聲明，描述自己明確的主要目標。我要不斷地努力，直到形成實現這個目標的充分信心為止。

第五，我充分瞭解，除非是建立在真理和正義之上，否則任何財富或地位都是無法長久。

所以，我不會做出對別人不利的事情。我會把自己希望使用的力量集中在自己身上，並且爭取別人的合作以獲得成功。由於我立志為別人服務，所以會吸引別人為我服務。我要消除憎恨、嫉妒、自私、猜疑，培養對所有人的愛心。因為我知道，對別人抱持消極態度，永遠不會使自己獲得成功。我可以使別人相信我，因為我相信他們以及我自己。

第六，我會在這份聲明上簽字，下定決心把它背下來，並且每天大聲朗讀一遍，充分相信它可以逐漸影響自己的思想與行動，使自己成為一個成功的人。

心理學的調查充分證明，長期扮演自己心中的角色，不久以後就會實現這種理想。這個奇蹟的實現，正是信心作用的結果。我們用充滿希望和期待的話語與潛意識交談，沉睡在潛意識中的願望就會被喚醒，實現願望就會變得順理成章。

—第3章— 拒絕拖延

做好每件事情，還有什麼可怕

Don't be too hard on yourself.

合抱之木，生於毫末；九層之台，起於累土；千里之行，始於足下。

——老子（春秋時期）

開始以後，就不要停止

為什麼有些人成功，有些人失敗？當初，曾經豪情滿懷、激情四射、夢想無邊，為什麼最終的結果卻不同？其實，成功者與失敗者只有兩個字的差別——堅持。

想要獲得成功，就要克服「有始無終」的行為。想要完成一件事情，就要咬緊牙關，堅持到底，這是我們應該遵循的做事宗旨。

一個沒有恆心的人，往往會半途而廢，半途而廢是成功者之大忌。任何事情的完成都不會一帆風順，總是有許多挫折和困難，只有持之以恆的決心，堅定不移地貫徹始終，最終才可以到達成功的彼岸。如果遇到困難就止步不前，甚至放棄，只會無緣摘取成功果實，曾經付出的時間與精力也會化為烏有，百害而無一利。

古時候，有一個叫樂羊子的人，告別妻子在外地求學，但是學問的艱深和求學的清苦，使他感到乏味。他在私塾待了一年以後，決定棄學返鄉。想到美麗的妻子和舒適的房舍，他覺得非常興奮，腳步不由得更快了。逐漸地，熟悉的房舍出現在眼前，炊煙裊裊升起，他立刻跑到門前，叩響門環。

「誰？」屋裡的織布聲停了，傳來妻子熟悉的聲音。

「是我！」樂羊子高興得大叫。

屋裡出現短暫的沉默，「吱呀」一聲，門開了，露出妻子驚喜而略帶詫異的臉。她看到丈夫沉甸甸的行裝，臉上的笑容消失了，她似乎猜到了什麼。

樂羊子一步跨進門裡，放下包袱，環視乾淨而舒適的屋子，高興地嚷嚷：「終於回來了，終於回來了。」

但是妻子的表情似乎有些冷淡，她默默地看著他，然後說：「不是三年以後才可以回來嗎？」

「我思念你，所以就回來了。」

「住幾天？」

「再也不走了。」樂羊子揮著手，感覺很痛快，清冷的私塾從此遠離自己，真是鬆了一口氣。

妻子沒有說什麼，只是拿出一把剪刀，樂羊子詫異地盯著她，只見她走到織布機旁邊，「喀嚓」一聲，將織布機上的一匹布剪斷。樂羊子大叫起來，真是太可惜了！這是一塊圖案精美的花布，只差一點就要完工，可是妻子卻把它剪斷……！

「這是一塊快要完工的布，但是我剪斷它，就會變成一塊廢布。」妻子說，「求學的道理也是一樣。如果可以堅持到底，付出艱苦的努力，就可以成為一個有用的人；如果中途放棄攻讀，就會前功盡棄，如同這塊廢布一樣，成為一個毫無用處的人。」

「這……」樂羊子囁嚅著。

「再過幾年，你的同學學業有成，就可以報效國家建功立業，你還是碌碌無為，終日做一些瑣碎事情，一輩子又會有什麼出息？」

樂羊子低頭不語，感到非常羞愧，自己的見識竟然不如妻子。如果不是妻子諄諄教誨，自己豈不是虛擲年華，成為一個無用之人？想到這裡，他立刻拿起行裝，決定回到私塾去完成學業。

一八三三年，諾貝爾出生於瑞典斯德哥爾摩一個發明家的家庭，通曉俄語、瑞典語，還有英語、法語、德語。在聖彼得堡，他初次見到硝化甘油，硝化甘油的爆炸性引起他極大的興趣，從此開始對炸藥進行研究。

諾貝爾努力尋找硝化甘油爆炸的引爆物，經歷許多次失敗，以至於父親和哥哥嘲笑他固執。他不急躁，不灰心，耐心分析失敗的原因，經過鍥而不捨地反覆試驗和細緻分析，終於發現使用少量火藥引起硝化甘油爆炸的方法，由此首次獲得瑞典專利權。

一八六七年秋天，他開始用硫酸汞做引爆劑，失敗幾百次。成功的那一天，「轟」的一聲巨響，他的實驗室被炸毀，自己也被炸得鮮血淋淋。他以鮮血為代價換得成功，由此發明雷管。

更可怕的事情發生在斯德哥爾摩，諾貝爾住宅附近的實驗室。硝化甘油爆炸的事故，使得從事實驗的五個人死於非命，諾貝爾當時不在實驗室，得以倖免於難。這次事故，讓他感到非常悲痛，對他的毅力和理智也是一個嚴峻考驗。許多人開始對他的研究進行攻擊，家人也勸他放棄這個危險的實驗，但是他不願意半途而廢，決心完成對硝化甘油在爆破工程上實際應用的研究，使炸藥可以造福人類。在他不懈的努力下，硝化甘油終於可以用於實際應用，並且很快有廣泛市場。

在這個世界上，沒有什麼事情是無法完成的，沒有什麼困難是無法克服的。樂羊子在妻子的幫助下，刻苦攻讀，成為一代名儒；諾貝爾歷經千難萬險，仍然堅持研究，成為科學偉人。可見，如果戰勝困難，就會使自己向前邁進；如果被困難打倒，就會終生一無所成。

所以，想要完成一件事情，什麼時候開始都不晚。只要咬緊牙關，堅持到底，就可以收穫成功帶給我們的驚喜。

必要的時候，請耐心等待

在生活的不幸面前，有沒有耐力，有沒有耐心，在某種意義上說，也是區別偉人與庸人的象徵之一。

人生就像一個百味瓶，酸甜苦辣就像生活的調味料。無論是在職場奮鬥還是在商場掙扎，都要堅守一份發自內心的從容。

大多數人嚮往蜜罐似的生活，在這種安逸甜蜜的生活狀態下，他們面帶微笑，快樂地生活。可是生活不可能停留在一種狀態，生活的變數出現的時候，如果沒有堅強性格和積極態度，很容易一蹶不振。所以，無論我們品嘗到生活給予的什麼味道，都是上天的恩賜。

每個人都知道，在休閒時光中，最可以磨練個性的就是釣魚。釣魚的時候，手握魚竿，不需費盡心思，只要等待「願者上鉤」，這種意境讓人心曠神怡。生活中的所有煩惱，已經拋到九霄雲外，心情立刻豁然開朗。釣魚可謂是修身養性、防治疾病、增強體力的最佳休閒方式。

佛家修身養性講究「靜」，釣魚也講究「靜」。釣魚的時候，要耐得三分靜，耐心等待魚兒上鉤，冷看魚漂起伏，靜觀竿梢顫動。如果心浮氣躁，永遠不會釣到魚，必須忘我，必須身心放鬆，必須任憑風浪起。此時，心如止水、似眠非眠，哪裡還有什麼名利是非之爭？

釣魚可以讓我們忘記煩惱，也可以讓我們鍛鍊心性。脾氣暴躁者釣不到魚，因為他們耐不得寂靜；心胸狹窄者釣不到魚，因為別人釣到魚會讓他們嫉妒，讓他們心中產生波瀾；貪婪吝嗇者釣不到魚，因為他們只想釣到更多的魚，卻不想下魚餌。真正的釣魚高手，是不為釣魚而釣魚的人，他們尋求的是過程和體驗，正所謂「釣翁之意不在魚」。

釣魚如此，為人處事更是如此。這樣一來，就要求我們在人際交往中，努力培養良好的交際性格，做事要有耐心，不要心浮氣躁。

想要在和別人相處的過程中獲得成功，得到更多的朋友，首先需要具備的是：良好的性格。

想要矯正不良的性格，改變暴躁的脾氣，就要注意以下幾點：

首先，充分認識暴躁易怒的危害。我們經常可以看到，因為一些不足掛齒的小事而發怒，最終導致後悔莫及，生氣無法使問題得到解決，反而會增加衝突。

其次，學習一些克制脾氣的方法。如果某些事情有充足的理由使我們發怒，在這種情況下，可以把自己的不滿情緒釋放出來，也可以轉移自己的目標，例如：做其他事情，找別人聊天，這樣可以將因為盛怒激發出來的能量釋放出來，心情就會變得平靜。也可以記錄每次發怒的原因和經過，透過記錄和回憶，在思想上進行分析整理，就會發現許多發怒根本毫無價值，以後怒氣發作的次數就會減少很多。

此外，換一個角度思考問題，體諒別人的感受。做人應該有必要的涵養，即容人之量，不要總是指責別人。因為小事而對別人發怒，是非常不禮貌的行為。

一個人有多少耐心，就可以成就多少事業，這一點千真萬確。

生下來就要活下去，不要停止行動

很多人都會不自覺地問：生活是什麼？我們為什麼而活？什麼樣的人生才有意義？這些問題沒有標準答案。然而，卻有一個不可爭辯的事實，那就是：**沒有人生下來就可以所向披靡，人生的意義只有在勤奮中才可以創造奇蹟。**

一個渴望成功的人，將自己最初的夢想化為強烈的欲望，進而將這種夢想和欲望化為生命中不可缺少的心理動力，並且在心靈深處形成一種無時不在的自我激勵機制，其產生的偉大力量，無論用什麼言語去形容都不為過。

勤奮可以創造奇蹟！皮爾・卡登的奮鬥過程，可以說明這個道理。

皮爾・卡登從小就對服裝很有興趣，即使是在最貧困的時候。他的父親——一個貧窮的義大利農民，帶著妻子和七個孩子離鄉背井去法國謀生的時候，他剛滿兩歲——被母親用一條被單裹著離開家鄉。

他生活在每天都要為吃飯與穿衣的事情而煩惱的家庭，卻對各式各樣的服裝感興趣。童年的時候，他喜歡在街上閒逛，服裝店裡多姿多采的時裝使他流連忘返。他的耳邊經常傳來這樣的斥責和嘲諷：「滾開，窮鬼！你也來看時裝？」「小義大利佬，買一套時裝去送給小情人吧，哈哈……」

然而，一個夢想卻在他的心中升騰：「以後，我也可以做出各種時裝，做出許多好看的時裝。」

到了念中學的時候，由於貧困和年邁多病，他的父母無法繼續維持這個家庭。他只好中斷學業去工作，他的選擇是去裁縫店做學徒。

夢想、天才、勤奮，使得他的技藝很快就超過師傅。他別出心裁地設計一些新穎的服飾，受到當地女士的青睞，經常有人找上門來請他設計時裝。他不僅白天從事裁縫工作，晚上還到一個業餘劇團擔任演員，以便觀摩和研究各種新奇高雅和絢麗多彩的舞台服裝，這對他未來的設計風格產生深遠影響。

這個時候，他已經在當地小有名氣。然而，他清楚地知道自己想要的是什麼。他不是想要成為一個製衣匠，他的夢想是成為一個「時裝設計大師」。

他下定決心要去世界時裝藝術的中心巴黎闖蕩一番，但是初闖巴黎的嘗試卻失敗了。

當時，正是第二次世界大戰拉開序幕的時候，巴黎烏雲密布，所有的服裝店都關門。他跟隨逃難的人群，從巴黎逃到一座城鎮，幾經周折，最後找到一家裁縫店安定下來。幾年以後，他又成為這家裁縫店最出色的裁縫。生計有著落，但是他卻越來越苦惱，他覺得在這裡待得越久，距離巴黎就會越遠，他不甘心自己的夢想變得越來越渺茫。

有一天，他遇到一位也是因為戰爭流落至此的貴婦人。貴婦人對他身上高雅奇特的服裝很感興趣，聽說這是他自己設計製作的，更是十分驚訝。他向貴婦人述說自己的苦惱和夢想，她感嘆地說：「孩子，你一定會成為百萬富翁，這是命中註定的。」這個預言更激起他心中壓抑已久的熱情和願望，他帶著貴婦人提供的地址，再次來到巴黎。

他按照貴婦人提供的地址，找到巴黎愛麗舍宮對面街上的女式服裝店，這是一家專門為劇院設計縫製服裝的很有名氣的服裝店。憑藉高超的技術和對舞台服裝的獨到見解，老闆毫不猶豫地收下他。

在那裡，他認真工作，對高級服裝的製作有更成熟的經驗。

服裝店開始為法國先鋒派電影《美女與野獸》設計服裝，他參與這次設計製作。他為角色設計一套刺繡絨服裝，使角色在影片中大放異彩，也使自己一舉成名，成為巴黎服裝界引人注目的新星。

從此以後，他開始不斷地激勵自己去追求和實現自己的夢想。他曾經擔任最負盛名的時裝大師夏帕瑞麗的助手，也曾經擔任被尊為時裝界領袖的迪奧的助手。終於在一九五〇年，他以自己多年的積蓄創辦一家公司。三年以後，他的第一家服裝店正式開張。

他不僅要實現自己的夢想，而且要使這個夢想日益完美，在自己的生命中放射奪目光彩。他要以不斷創新，確立自己作為一個最成功的時裝設計大師的地位。

他設計的時裝千姿百態、色彩鮮明，充滿浪漫情調，符合巴黎民眾的口味，再加上配有音樂伴奏的時裝表演，使他的時裝更富有魅力。

他提出「時裝大眾化」的口號，把設計重點放在一般消費者身上，讓更多人買得起穿得起，這個口號成為巴黎時裝界一個歷史性的突破。他源源不斷地推出風格高雅、質地適宜、價廉物美的時裝，深受中產階級婦女的歡迎，使自己的服裝店每天門庭若市。

他大膽的離經叛道的創舉，招致法國保守的時裝界同行的攻擊，但是他不以為意，繼續進行自己的「時裝革命」。他說：「我已經被人罵習慣了。我的每次創新，都被人們抨擊得體無完膚，但是那些罵我的人，還是會去做我做過的東西。」

法國時裝從來就是女性的天下，但是他推出色彩明快、線條簡潔、雕塑感強的男性服裝，此舉又一次在巴黎引起轟動。

他設計的系列童裝更是怪誕離奇，極富想像力，進而迅速佔領歐洲市場。

他得意地說：「我曾經許下諾言，等到自己創業以後，我的服裝不僅可以穿在溫莎公爵夫人身上，同時她的門房也有能力購買。」他實現自己的夢想。

皮爾・卡登在經營上也是新招迭出，令人目不暇接，不遺餘力地在全球拓展自己的品牌和商業帝國的疆域，他的成功之夢似乎永無止境……

不要擔心沒有準備好，現在就開始去做

「我還沒有準備好，現在不能開始。」「再等等吧，看情況吧！」「看看再說吧！」……在生活中，我們經常聽到這樣的言語。人生苦短，很多事情是不能等的。我們需要深思熟慮，但是不能畏首畏尾，這樣只會使自己養成拖延的習慣，止步不前。

不要把今天可以做的事情拖延到明天做。記住：現在做表示成功，明天做表示失敗。

「拖延是人類的本性，幾乎每個人都有拖延的習慣。」產生這種想法的時候，就要立刻改變思想。

這就是拖延的根源，如果已經設定期限，就不會拖延，而且那個期限如果是絕對要完成而無法變動的時間，這樣一來，就沒有拖延的藉口。

仔細思考一下，拖延的事情遲早要做，為什麼要等一下再做？現在做完，等一下可以休息，有什麼不好？現在休息，也許等一下要付出更大的代價。

從最簡單的事情開始，我們可以激發自己行動力的時候，就會非常有衝勁，想要完成一件事情。凡事掌握其根源，就會得到巨大的收穫和成效，不管你現在要做什麼事情，請立刻行動。「現在」等於成功，「以後」等於失敗；「現在」是成功的象徵詞，「以後」是失敗的象徵詞。許多很好的想法，因為「我將來某一天開始」而成為泡影，所以我們應該「現在就開始，立刻去做」。

想要實現自己的理想，就要督促自己養成立刻行動的習慣。**英國海軍上將威廉・佩恩說：「一個人，正如一個時鐘，是以他的行動來決定其價值。」**

是什麼妨礙我們在工作中取得成就？一位自我管理專家在回答這個問題的時候說：「如果拿這個問題去問大多數主管，我們得到的回答幾乎千篇一律：時間不夠用，財力和物力等資源日益縮減，無法找到機會。但是如果對他們進行更深入的瞭解，就會發現：這些大多是藉口。」

很多人喜歡拖延，他們不是做不好，而是不去做，這是導致失敗的最大惡習。不行動，怎麼可能會有結果？就這樣，他們抱持成功的幻想，染上失敗者的惡習，虛度光陰。

每個成功人士都是行動家，而不是空想家；每個成功人士都是實踐派，而不是理論派。立刻行動，從現在開始，要養成立刻行動的習慣。

立刻行動是一種習慣，是一種做事的態度，也是每個成功者共有的特質。

從早上睜開眼睛那一刻開始，立刻行動，一直行動下去，告訴自己立刻去做任何事情。我們會發現，這樣持續三個星期，就可以養成立刻行動的習慣。

所以，現在看到這裡，請你不要再想，再想也沒有用，立刻行動吧！

必要的時候當機立斷，才可以搶佔先機

「快魚吃慢魚」的生存競爭，已經成為市場競爭的主題。想要生存下來，就要培養自己搶佔先機的能力。同樣優秀的人未必同時成功，但是只要出手比別人早，我們就是贏家。搶先一步，贏得先手之利，是贏得競爭的唯一秘訣。

在競爭激烈的當今世界，速度成為成功與否的關鍵，比別人更快更狠，才會有勝算。

兩個人在樹林裡過夜。早上突然從樹林裡跑出一頭熊，其中一人忙著穿球鞋，另一個人對他說：「你把球鞋穿上有什麼用？我們還是跑得比熊慢！」忙著穿球鞋的人說：「我不是要跑得比熊快，我是要跑得比你快。」

行動就是生存，快速行動就可以全面生存。在自然界中，為什麼有適者生存的道理？獵豹在獵捕的時候，除了無與倫比的速度以外，頭腦是極其清醒的，牠要在適當的時機，對準獵物的咽喉果斷出擊。也許每次出擊在很多時候不會成功，但是只要果斷迅速出擊，就會有成功的希望。自然界如此，人類社會也是如此。

在激烈的競爭中，市場主動權永遠屬於那些「快一步」的人！善於搶先一步的人，總是可以不斷從市場中獲得利潤。那些無法駕馭市場的人，只能跟在別人後面，艱難困苦地掙扎。

經常聽到有些人抱怨市場不景氣，埋怨自己運氣不好，可是無論什麼時候，即使遇到市場不景氣的情況，仍然有一些企業可以獲取經濟效益。面對這樣的現實，我們應該停止埋怨，迅速行動。其實，在競爭激烈的市場中，想要立於不敗之地，取決於企業的經營方式，取決於企業家是否可以在市場中搶佔先機，是否可以在競爭中始終保持主動。

在這個資訊爆炸的社會，誰可以搶先一步獲得資訊，然後做出應對，誰就可以捷足先登，進而獨佔商機。搶佔能力成為佔領市場不可缺少的能力之一。

市場搶佔的速度決定企業的命運，只有可以迅速應對市場者，才可以成為市場的佼佼者。在這個「速者成王」的時代，「快速反應」成為企業的基本生存法則。只有做到迅速應對市場變化，敏捷搶佔市場比例，才可以在激烈的市場競爭中立於不敗之地。

一項調查研究顯示：在發展已經相對成熟的五百種行業中，第一個進入市場的企業其平均市場佔有率達到二九％，早期跟進的企業其平均市場佔有率為二一％，其餘平均市場佔有率僅為十五％。

翻看人類發展的歷史，我們可以發現很多搶佔先機的案例。四十多年以前，美國人弗瑞德・史密斯最先預測，人類生活節奏的加快將會對運輸市場提出更高的要求，於是創辦「聯邦快遞」公司。

如今，「聯邦快遞」已經是全世界最大的快遞運輸公司，業務遍布兩千多個國家。**市場無情也有情，這些企業用自己的實踐告訴我們：誰可以搶佔商機，誰就可以取得最後勝利，搶佔市場先機是贏得競爭的根本！**

每個時代，都會出現一些善於搶佔先機的人，很自然地，這些人成為那個時代的富翁。他們用自己的慧眼，從別人不明白的新事物中發現機會和創造機會，可以在別人之前搶佔先機，因為他們深諳此理——必要的時候當機立斷，領先一步，才可以一路領先！

—第4章—面對挫折

不屈從厄運，
才可以走出困境

Don't be too hard
on yourself.

世界上的事物永遠不是絕對的，結果完全因人而異。苦難對於天才是一塊墊腳石，對於能幹的人是一筆財富，對於弱者是一個萬丈深淵。

——巴爾札克（法國）

不要害怕跌倒，重要的是：趕快爬起來

很多人渴望成功又害怕失敗，內心的恐懼讓他們裹足不前。常言道：失敗為成功之母。沒有失敗，怎麼可能會有成功？跌倒不可恥，在跌倒以後勇敢站起來，將自己調整到最佳狀態繼續前行，才是最重要的。

嘗過一次敗績，從此一蹶不振；愛情不如意或是工作不順遂，覺得天崩地裂，如臨萬劫不復之境，然後只會自怨自艾，這樣不是做人處世之道！更何況，人生不可能總是一帆風順。

以下列出一些面對逆境和克服困難的處世之道：

屢敗就要屢戰

首先，應該面對自己的缺點，跌倒以後爬起來從頭再來。也許說來容易做時困難，可是無論如何，都要認真思考這個道理。無論前方有什麼困難，如果想要繼續前進，就要跨過難關——這就是生存之道！

把痛苦當作激勵

失敗不算什麼，應該把它當作吸取人生經驗的過程。專家認為，這種情況之下，不應該只是抱持消極態度來面對，遇到挫折比得到成功更可以磨練個性。失敗可以使我們進行反省，以免重蹈覆轍。如果人生路上不曾跌倒，就會自視過高、自以為是，最後可能會一敗塗地。我們總有一天會犯錯，不應該把障礙當作絆腳石。

開創美好的明天

只會將失敗歸咎於自己運氣不好的失敗者，才是真正的失敗者。不思進取於事無補，往事已矣，應該把它們拋在腦後，一心一意努力向前，開創美好的明天。

評估新的形勢

環顧當前形勢，評估未來變化，然後知道如何接受既定事實，最重要的是：應該實事求是。這樣一來，所有事物已經在自己掌握之中，可以幫助自己重振旗鼓。

做事三思而後行

如果感覺前方困難重重，必須冒未知之險，應該思前想後，推敲各種可能性，甚至可以另謀出路。即使發生最壞的情況，也不至於不知所措，並且可以很快度過難關，撥開雲霧，藍天就在眼前。

進行自我檢討

不要刻意「藏拙」，知道是缺點卻不改正。要告訴自己：有心不怕遲，有缺點就改。

適當發洩情緒

如果傷心就盡情發洩！不管是誰，受到傷害難免會難過。想要重拾新生，必定會經歷一段痛苦的過程，這是必然的代價，也是一個重要教訓。

建立足夠的自信

投向另一段感情或是進行新工作之前，要重新認識自己，努力重拾自信，建立自尊。可以細數自己的優點與長處，藉此鞭策自己昂首向前，披荊斬棘。

知己知彼

不要妄想自己有能力改變別人。想要別人做出改變，除非他們出於自願，否則不會為我們而改。因此，如果知道是一場必輸的仗，又何必枉費心機？

保持樂觀的態度

只要遇到挫折的時候，就跟自己說：「這不是最糟糕的。」這樣不算是什麼妙法，但是至少可以自我安慰。

懂得自我安慰

另一個有效的方法是跟自己說：「我還活著！就算我的同事、朋友、愛人棄我而去，我也不會因此從地球上消失。」

尋找失敗的原因

為什麼你總是被某個類型的男士吸引？即使他們不適合你。為什麼你總是在同樣的行業中徘徊？即使你做得不開心。如果不知道原因，就會不斷地犯錯。換言之，一定要找出真相，明白為什麼總是失敗；為什麼仍然執迷不悟，經常陷入同一個困局。

自強不息

避免不斷地自我批評。每天發出這種消極的聲音，只會讓自己意志更消沉。自己不自重自強，別人怎麼可能看得起你？

不要理會閒言閒語

把自己與那些沒有指望的人相比，就會活得悠然自得。對自己好一點吧！

學習寬恕那些「有眼無珠」的人，他們無法體會我們的好，只是因為他們對「好」的標準不同，不必為此而怨恨難過。

不要乞求憐憫

不要妄想擺出一副可憐模樣，傷害你的人就會內疚。「你看，你把我搞成什麼模樣，我現在很慘……」這樣哭訴只會使自己更痛苦，心情無法平復。

把怨恨拋在腦後

不要把恨意埋藏在心裡，應該坦然面對怨恨心情，勇敢面對之後就會釋懷。

懂得自愛

最重要的還是：讓自己喜歡自己。有一天，如果有人對你說：「對不起，我要離開你，我愛上別人……」「你被開除了，我們已經找到一個更能幹的人……」也不至於跌得粉身碎骨。

相信自己，不要被別人影響，不要害怕失敗，不要擔心跌倒。我們的目光緊隨著目標，迎接我們的，就是勝利的歡笑。

沒有成功，是因為沒有挫折搭建你的才華

苦難是人生的必修課，任何一個偉人的成功，都是由辛勤和汗水來澆灌。成功的道路上不擁擠，因為很少有人可以戰勝挫折，堅持下去。

有時候，積極思考的力量就像挖土機一樣，遇到障礙物的時候，為了達到目的，就要把障礙物挖走，因此積極思考的力量是我們前進的時候不能缺少的力量。

積極思考的力量就像挖土機一樣，這種力量非常雄厚，是我們遇到困難和問題的時候絕對需要的。

德國天文學家克卜勒，是一個只在母腹中待了七個月的早產兒。他出生的時候就遭遇不幸：

天花使他變成麻子，猩紅熱又弄壞他的眼睛。父母對這個多災多難的小生命沒有付出關愛和溫暖，甚至不願意負起養育的責任。陪伴他度過一生的，除了宇宙和星辰以外，就是貧困和疾病。

早在孩提時代，克卜勒的求知欲和上進心就極為旺盛，他的學習成績一直在同學們中遙遙領先。就在瘦弱多病的克卜勒盡情遨遊在知識海洋的時候，不幸的事情又降臨到他的頭上：父親因為負債，無法繼續讓他讀書。失學之後，他只好到自家經營的旅館打雜，但是他始終沒有放棄學習。

成家之後，克卜勒更加發憤地進行自己在天文學方面的研究。他把自己寫的書寄給在布拉格的天文學家布拉赫，布拉赫對他很注意，回信表示歡迎他去布拉格。

去布拉格的路程非常遙遠，妻子擔心他的身體受不了，勸他放棄此行，他堅毅果斷地說：「無論如何，我們一定要去！」

途中，克卜勒病倒了，在一家鄉村旅館裡，他們住了幾個星期。他們帶的旅費已經花完了，病人要買藥，妻兒要吃飯，周圍又沒有任何親人。絕望中，克卜勒只好向布拉赫求救。多虧這位同行慷慨相助，雪中送炭，才使得他活著熬到布拉格。

在布拉格，克卜勒竭力研究火星，想要得到它的秘密。這個時期，是他一生中最快樂的時候。可惜好景不長，他的益友布拉赫溘然長逝，不僅使他在事業上受到嚴重損失，而且他的生活也因此陷入困境。

有人說：「克卜勒的一生，大半是孤獨地奮鬥……布拉赫的後面有國王，伽利略的後面有公爵，牛頓的後面有政府，但是克卜勒的後面只有疾病和貧困。」

然而，沒有任何困難可以阻礙克卜勒。他倒下了，又站起來。他失敗了，失敗了，失敗了，但是他把這些失敗收拾起來，建成一個高塔，最後發現天體運動的三大定律。

生活中，許多人做事最初都可以保持旺盛鬥志，在這個階段，普通人與優秀者沒有多少差別。然而往往到最後一刻，頑強者與懈怠者的差異就會顯示出來。前者勇敢堅持獲得勝利，後者喪失信心放棄努力，於是得到不同的結局。

如果成功有什麼秘訣，那就是：忍受挫折，繼續堅持！

在絕境中，才有機會重生

海到無邊天作岸，山登絕頂我為峰。很多懷有雄心壯志的人，或許曾經發出類似的感慨和決心，不達頂峰誓不罷休。

布克．華盛頓曾經說：「衡量一個人成功與否，不完全是以他在生活中得到的地位為標準，而是以他在努力通往成功的道路上越過多少障礙作為尺度。」

以下，我們來看看一位著名歌手胡利奧．伊格萊西亞斯的故事。

胡利奧用六國語言演唱的唱片銷售十億多張，獲得《金氏世界紀錄》創辦者頒發的「鑽石唱片」獎。在歐洲，他連續五年都是流行歌曲的榜首明星，《法國晚報》曾經讚揚他為二十世紀八〇年代的一號歌星。歌劇演唱家普拉西多·多明哥這樣評價這位富有激情的西班牙演唱浪漫民謠的歌手：「胡利奥達到每個歌唱家夢寐以求的造詣，既會唱古曲的，又會唱通俗的，他打動所有觀眾的心。」

假如胡利奥沒有信心、勇氣、毅力，現在他可能只是一個默默無聞的殘障者。說來奇怪，他的成功是由一起車禍事故引起的。

一九六三年九月，胡利奥二十歲生日之前，他和三個朋友沿著郊區的馬路驅車向馬德里家中駛去。當時已過午夜，純粹出於年輕人的胡鬧，他把車子開到時速一百公里。不料，駛到一個急轉彎處，汽車陡然滑向一側，然後翻到田裡。當時，沒有人受到重傷。過了一段時間，胡利奥感到胸部和腰部劇烈刺痛，並且伴隨呼吸困難和渾身發抖。經由神經外科專家診斷是脊椎出現問題，胡利奥癱瘓了，他被送到一個治療癱瘓病人的醫院。醫生為他進行脊柱檢查以後發現：他的第七根脊椎骨上有一個良性腫瘤，隨後進行外科手術把腫瘤摘除。但是他回家以後，腰部以下仍然無法動彈，這種情形實在讓人沮喪：他在幾年以後，可能會恢復一些活動能力，但是進展緩慢，復健訓練使他筋疲力盡。有時候，他感到非常絕望，有一位護士得知這個情形，給他一把價錢不貴的吉他，他開始漫無目的地撥弄起來。很快地，他發現這種隨意彈奏可以消除憂慮和無聊。他跟著節奏哼唱，後來試著唱出幾句，使他高興的是：自己的嗓音不錯。

手術以後第四個月，他站在地板上，緊緊抓著家裡樓梯的扶手，費力地試著上樓。這樣的練習使他氣喘吁吁，但是他終於抬起邁向復原的第一步。

他每天的目標是：比昨天多邁出一步。為了加強身體其他部位的鍛鍊，他沿著門廳不停地爬行五個小時。在他家的消暑住地，他可以拄著拐杖，沿著海灘緩慢行走。此外，每天早上，他會在地中海裡游泳三個小時。到了那一年的秋天，他可以拄著手杖行走。幾個月以後，他把手杖扔到一邊，每天慢行十公里。

一九六八年，他於法學院畢業，曾經準備進入外交使團。在那個時候，音樂只是一種消遣，漫長而孤獨的恢復期使他產生靈感，他寫出自己的第一首歌《生活像往常一樣繼續》。

儘管他曾經遲疑，最後還是同意在西班牙每年為流行音樂舉行的最重要比賽——「本尼多姆歌節」演唱那首歌。在那次比賽中，他獲得一等獎。這首歌很快在西班牙流行起來，並且成為一部西班牙電影的片名。這部影片是根據他和癱瘓進行鬥爭的經歷而拍攝，他主演這部電影，又成為一位電影明星。

作為一個世界性的音樂家，民眾對他的接受有一個漫長的過程。在他用歌聲征服拉丁美洲聽眾的過程中，他首先要征服村民們，使他們知道胡利奧是誰。一九七一年，他在巴拿馬的時候，身無分文，露宿在公園的長凳上。在這種情況下，他也沒有懷疑美好的明天在向自己招手，身體復原讓他決定不放棄任何夢想。

一九七二年，結束黑暗日子的他寫出《獻給加利西亞的歌》，這首歌跳動的民間節奏，使它流行於歐洲和南美洲。

很快地，他又推出其他流行歌曲。一九七四年，他的唱片《Manuela》使他在法國成為第一個獲得金唱片獎的西班牙歌手。

有一次，在阿根廷的馬德普拉塔舉行一場音樂會，一對夫婦送給他一顆鑽石戒指，以表達他們感激的心意，因為在他們即將分手之際，是他音樂裡的溫柔和渴望使他們重歸於好。

一九八一年，他在自傳《在天堂和地獄之間》中，描述自己破裂的婚姻，其痛苦程度不亞於那次癱瘓。他體會到失敗，陷入絕望之谷，必須做出努力才可以面對觀眾。那個時候，他覺得自己的雙腿又癱瘓了，可是一位精神病醫生對他說，是他的思想出現問題：「你應該像從前那樣，把自己投入到事業中。」有一位醫生建議他：「繼續你已經進行的事業——不達頂峰誓不罷休。」

有這些鼓勵，胡利奧感覺好多了。從此以後，他嚴格遵守醫生的指導，隨時不忘二十年以前的自我療法：每天要比昨天多邁出一步。

一九七八年，他和哥倫比亞唱片公司簽定一份長期合約，他細心而不知疲倦地工作，花費六個月時間錄製一張唱片。他先用西班牙語演唱，後來又用法語、義大利語、葡萄牙語、德語演唱。同時，他還要花費一些時間，錄製首次用英語演唱的唱片。

雖然他是一個語言天才，但是用多種語言進行七個小時的錄音過程也是非常辛苦。他對「我愛你」這幾個字的發音，特別小題大做。即使用西班牙語演唱，在錄音的時候，他也要花費一個多小時反覆練習，直到他認為可以給人們美的享受才會停止。

胡利奧回顧癱瘓時期的黑暗之日，發現有很多東西值得感激。他說：「我在音樂方面獲得的所有成就，都是來自於那次痛苦。」現在，健康、快樂、成功的胡利奧，用自己的生活證明自己寫進第一首歌《生活像往常一樣繼續》的箴言：

人們總有理由生存，總有理由奮鬥！

我們想要獲得成功，除了才智和勇氣以外，還要以頑強的耐力，對付生活中遇到的各種障礙。

一位有名的拳擊手在自己的作品《再戰一回合》中，充分表現這種頑強耐力。他寫著：「再戰一回合！你的雙腳站立不穩，就要跌倒的時候，再戰一回合！你感到筋疲力盡，無法抬起雙臂防禦對手進攻的時候，再戰一回合！有時候，你被打得鼻青臉腫，無力招架，甚至希望對手猛擊一拳將自己打暈的時候，此時此刻——再戰一回合。記住，一個經常『再戰一回合』的人，是不會被打垮的。」

我們的一生，只有歷經坎坷和磨難，才可以登上最高的山峰，看到最壯麗的風景。不要畏懼苦難，只有身處絕境，才有機會在絕望中重生。

失敗不可怕，可怕的是：不敢面對失敗

有些人說，失敗是人格的試驗地。許多人如果沒有遭遇失敗，就不會發現自己真正的才華；如果沒有遭遇挫折，沒有遭遇對自己生命本質的打擊，就不會煥發自己內部貯藏的力量。

想要測試一個人是否可以成功，可以看他失敗以後採取什麼行動。失敗以後，是否可以激發他更多的計謀與智慧？是否可以激發他的潛在力量？是使他果敢決斷，還是使他心灰意冷？

愛默生說：「偉大人物最明顯的象徵，就是堅定的意志，不管環境變化到何種地步，他們的初衷與希望仍然不會有絲毫改變，而是終至克服障礙，以達到自己企望的目的。」

「跌倒以後再站起來，在失敗中求得勝利。」這是歷代偉人的成功秘訣。

有人問一個孩子，他是怎樣學會溜冰。那個孩子回答：「哦，跌倒以後爬起來，爬起來再跌倒，就學會了。」就是這樣的精神，可以使我們獲得成功。跌倒不是失敗，跌倒以後無法站起來才是失敗。

失敗是對一個人的人格試驗，在一個人除了自己的生命以外，所有事物已經失去的情況下，內在的力量到底還有多少？沒有勇氣繼續奮鬥的人，他所有的力量就會全部消失。只有毫無畏懼而勇往直前的人，才可以在自己的生命裡有偉大的進展。

有些人或許會說，已經失敗多次，再嘗試也是徒勞無益，這種想法真是自暴自棄！對意志堅定的人而言，沒有所謂的失敗，無論成功多麼遙遠，最後的勝利仍然在他的期待之中。狄更斯在他的小說裡，講到一個守財奴史古基，此人最初是一個愛財如命、一毛不拔、殘酷無情的傢伙，可是到了晚年，他竟然變成一個慷慨的慈善家、一個寬宏大量的人。

狄更斯的這部小說並非完全虛構，世界上也有這樣的事實。人類的本性可以由邪惡變為善良，人們的事業為什麼不能由失敗變為成功？現實生活中，這樣的例子很多，許多人失敗以後，沮喪而不挫折，抱持不屈不撓的無畏精神，向前奮進，最終獲得成功。

真正偉大的人，不會在意世間的各種成敗，所謂「不以物喜，不以己悲」。他們面對困境的時候，絕對不會失去鎮靜，可以獲得最後的勝利。在狂風暴雨的襲擊中，那些心靈脆弱的人只能束手待斃，真正偉大的人其自信精神卻依然存在。正是這種精神，讓他們可以克服所有問題，最後獲得成功。

一般說來，一個人做事成功的程度取決於他做事時的態度。只要用心，一切皆有可能。只要可以不斷突破自己已知的範圍，進入未知的領域，不達目的誓不甘休，不斷尋找新的解決方法。

如何才可以有效地突破？答案其實很簡單，那就是：讓自己做一些從前沒有做過的事情，以及從前不敢做的事情！如果我們總是在自己已知的範圍裡打轉，怎麼可能產生不同的結果？**不要忘記：重複舊的行為，只會得到舊的結果！**

在你快要下班的時候，你的妻子打電話給你：「記得今天是什麼日子嗎？」你突然想起，今天是自己的生日，「我和孩子為你準備豐盛的晚餐，讓我們過一個快樂的生日，請你趕快回家。」你非常高興，下班以後拎著公事包，興沖沖地回家。

在回家的路口，交通又阻塞了，警察告訴你：「此路禁止通行！」你應該怎麼辦？當然是換一條路繼續前進。對不起，這條路因為房屋拆遷而封閉，任何人都不能通過。

這個時候，你有三個選擇：第一，放棄回家；第二，坐在路旁，等待道路開放；第三，尋找另一條路。如果你不放棄回家，如果你不放棄追求幸福快樂，就不會考慮第一個選擇和第二個選擇，而是會集中精力去尋找另一條路。不幸的是，這條路還是無法通行，你應該怎麼辦？

如果你不放棄回家，就會尋找第四條路；如果第四條路因為火災而封閉，就會尋找第五條路；如果第五條路因為淹水而封閉，就會尋找第六條、第七條、第八條路，直到回家為止。

如果「回家」是你的終極目標，你就會一直嘗試，不斷地尋找方法，而不是說：「算了，沒有辦法，我不回家了。」因為你知道，自己的妻子和孩子在家中等自己回家。

沒有辦法，只是表示我們已知範圍內的方法已經用盡，只要我們可以不斷嘗試新的事物、新的機會、新的方法，不斷突破自我和改變自我，永遠沒有「不可能」這個詞語。

從今天開始，將「不可能」這個詞語從自己的字典中抹去。沒有不可能！「不可能」是安於現狀者的藉口。「不可能」絕非事實，而是觀點；「不可能」絕非誓言，而是挑戰。「不可能」是發掘潛能，「不可能」絕非永遠。

生命不是一帆風順的幸福之旅，而是隨時在光明與黑暗之間的模式裡擺動。面對各種的不幸，只有一個方法——接受它，並且努力改變。

心理學家威廉·詹姆斯提出忠告：「樂於接受必然發生的情況。接受發生的事實，是克服隨之而來的任何不幸的第一步。」在漫長的歲月中，會遇到一些令人不愉快的情況，我們可以做出選擇——把它們當作一種不可避免的情況加以接受，並且適應它們，否則我們可能會用憂慮毀掉自己的生活，甚至最後可能會被弄得精神崩潰。

有一位銀行家，經過半生的奮鬥，他五十一歲的時候，財富高達數百萬美元。但是他五十二歲的時候，又失去所有財富，而且背上一大堆債務。面臨巨大打擊，他沒有頹廢，也沒有失望，而是決定東山再起。終於，他又累積巨額財富。償還最後一個債務人的欠款以後，這位銀行家實現自己的承諾。

有人問他：「你的第二筆財富是怎樣累積起來的？」

他回答：「很簡單，因為我從來沒有改變從父母身上繼承下來的個性，那就是：積極樂觀。從我早期謀生開始，我就認為要以充滿希望的角度來看待萬事萬物，不要在陰影的籠罩下生活。我總是有理由讓自己相信，實際的情況比一般人設想和尖刻批評的情況更好。我相信，我們的社會到處都是財富，只要工作就會發現財富和獲得財富。這就是我生活成功的秘密，記住：總是要看到事物陽光燦爛的一面。」

挫折和失敗只是成功滑輪上的潤滑劑。無論在什麼情況下，只要還有一些挽救的機會，我們就要奮鬥和努力。但是普通常識告訴我們，事情是不可避免也不會有任何轉機的時候，我們就要保持理智，不要「庸人自擾」。

我們「不幸」遇到不幸的時候，可以這樣做：

先試著接受這個不可避免的事實，

讓時間治療自己的傷痛，

採取一些行動，改變自己的困境，

充分堅定信心，因為不幸只是過客。

揮揮手，向不幸告別。如果我們沉迷於不幸，不幸就會在我們身旁，成為我們永遠的伴侶。對待失敗也是這樣。英國作家薩克雷說：「生活是一面鏡子，你對它笑，它就對你笑；你對它哭，它也對你哭。」如果我們以歡悅的態度微笑對待生活的失敗，就會感受到生活的溫暖和愉快。如果我們以痛苦和悲傷的情緒注視生活，生活的基調在我們心中就會變得灰暗。

沒有人的一生是一帆風順的，順境和逆境在一定條件下會互相轉化。面臨失敗，如果可以變換思維的角度和方式，從其他方面重新評價和審視遭遇的挫折，有助於擺脫自己所處的困境。

在生活中，令人後悔的事情經常出現。我們的遺憾與後悔彷彿是與生俱來的，就像苦難伴隨生命的始終一樣，遺憾與後悔也是與生命同在。

沒有人不會做錯事情，做錯事情之後，有後悔情緒是很正常的，這是一種自我反省，是自我解剖的前奏曲，正是因為有這種「積極的後悔」，我們才可以在人生道路上走得更好更穩。

但是，如果我們糾纏不放而羞愧萬分，或是一蹶不振而自慚形穢，這種做法就是蠢人之舉。

古希臘詩人荷馬曾經說：「過去的事情已經過去，過去的事情無法挽回。」如果總是背負沉重的懷舊包袱，為逝去的年華傷感不已，只會耗費眼前的大好時光，等於放棄現在和未來。我們為什麼無法把握現在，堅持繼續努力？

追悔過去，只會失去現在；失去現在，就會失去未來。失敗不可怕，可怕的是：不敢面對失敗。所以，無論身處何種境地都要記住：無論遭遇多少失敗，我們都不要放棄。

—第5章—拒絕投機

只要有準備，就不怕沒有機會

Don't be too hard on yourself.

勇氣是衡量靈魂大小的標準，盡量使自己適應這項標準。

——戴爾・卡內基（美國）

不是每個人都有機會，不要輕易錯過

機會是最公平的，永遠不會光顧那些生命中的看客。對於那些孜孜不倦的跋涉者，它表現出無私與慷慨；對於那些逍遙平庸的等待者，它表現出自私與吝嗇。

古往今來，許多成功人士不在意機會什麼時候來臨，而是抓緊所有時間，讓生命的力量發揮到極致，進而在最適合自己的位置上站直身體。如果我們可以做到這一點，這些斑斕多彩的機會就會來到自己面前。

但是現代社會中，許多人總是站在荒蕪的土地上，在遙遠的天空中尋找屬於自己的機會。他們總是在判斷：哪個機會是自己的，哪個機會不應該放過，哪個機會應該來臨，盼望某一天一覺醒來，就有美好的機會在自家的門口，自己可以一步登天。然而，機會終究沒有到來，他們就在無盡的等待中，將短暫的生命放逐。

因為偶然得到機會而沾沾自喜的人，沒有任何能力。他們只是偶爾綻放的曇花，永遠不會有絢麗多姿的百花齊放。

因為無法得到機會而抱怨生活的人，也是不足掛齒。他們註定終生一事無成，永遠站在別人高大的影子裡。

只有為自己的終極目標而努力不止的人，才是生活中最美麗的花朵。生活是一條不斷的河流，它不斷歌唱和跳躍，勇往直前，在它的每朵浪花裡，都會閃現智慧的光芒……

有一次，世界著名的游泳健將佛羅倫絲・查德威克從卡塔利娜島游向加州海灣，在海水中泡了十六個小時只剩下一海里的時候，她看見前面大霧茫茫，潛意識發出「何時才可以游到彼岸」的訊號，頓時渾身困乏，失去信心。於是，她被拉上小艇休息，失去一次創造紀錄的機會。

事後，她才知道，自己已經快要登上成功的彼岸，阻礙自己成功的不是大霧，而是自己內心的疑惑：自己在大霧擋住視線之後，對創造紀錄失去信心，然後被大霧俘虜。過了兩個多月，她再次重游加州海灣，游到最後，她不停地對自己說：「距離彼岸越來越近了！」潛意識發出「我一定可以打破紀錄」的訊號，頓時渾身來勁，最後她終於實現目標。

其實，沒有任何人可以打敗我們，除非我們打敗自己。只要有信心，就會產生無窮的意志和力量。

只有自信，才可以抓住成功的機會。

日本的小澤征爾是世界著名的音樂指揮家，義大利史卡拉歌劇院和美國大都會歌劇院等許多著名歌劇院曾經多次邀請他加盟。

一次，小澤征爾去歐洲參加音樂指揮家比賽，決賽的時候，他被安排在最後一位。他拿到評審的樂譜以後，稍做準備就全神貫注地指揮。突然，他發現樂曲中出現一些不和諧。剛開始，他以為是演奏錯了，就讓樂隊停下來重新演奏，但還是覺得不和諧。至此，他認為樂譜確實有問題。

可是，在場的作曲家和評審席上的權威人士鄭重聲明：樂譜不會有問題，是他的錯覺。面對幾百位國際音樂界的權威人士，他對自己的判斷產生猶豫，甚至動搖。但是他考慮再三，相信自己的判斷是正確的。於是，他斬釘截鐵地大聲說：「不，一定是樂譜錯了！」他的聲音剛落，評審席上的權威人士立刻站起來，向他報以熱烈掌聲，祝賀他比賽奪魁。

原來，這是評審們精心設計的一個圈套，以試探參賽者在發現錯誤而權威人士不承認的情況下，是否可以堅持自己的正確判斷，因為只有具備這種素質的人，才是世界一流的音樂指揮家。

在三位選手中，只有小澤征爾相信自己，不隨聲附和權威人士的意見，因此獲得這次比賽的冠軍。

具體到現實生活中，無論是在會議室還是在公眾場合，只有相信自己判斷正確的人，才是最後獲得成功的人。

我們的一生中，總會出現許多機會，關鍵在於：是否可以及時抓住機會。強者總是創造機會，弱者總是等待機會，每個人都有機會，不要輕易錯過。

如果沒有充分準備，機會來了也會溜走

機會從來不會冷落有準備的人。

實際上，機會對每個人都是公平的。在職場奮鬥，不錯過每個展現自己的機會，才可以使自己得到別人的認同和賞識。

然而，許多人受到挫折以後，就會怨天尤人而輕言放棄。愛默生說：「每個挫折或是不利的突變，都是帶著同樣或是比較大的有利種子。」所以，困難也是一種難得的機會。敢於負責的人會在困難中尋找機會，推卸責任的人是在機會來臨的時候害怕困難，給自己尋找許多無法利用這個機會的藉口。

一位著名的經濟學管理專家來到某地演講。在演講過程中，專家忽然提問：「在座的人，有誰喜歡經濟學？」可惜沒有任何人回應。去聽演講的人大多是從事經濟工作，到這裡的目的就是「充電」。可是由於各種原因，所有人都選擇沉默。

專家搖頭，苦笑著說：「暫停一下，我說一個故事給你們聽。」

「我剛到美國讀書的時候，大學裡經常舉辦演講，每次都是邀請華爾街或是跨國公司的高級管理人員來演講。每次演講開始之前，我發現一個有趣的現象——我周圍的同學，總是拿著一張硬紙，中間對折一下，讓它可以直立，然後用顏色鮮豔的筆，寫上自己的名字，最後放在桌前。於是，只要演講者需要聽眾回答問題的時候，就可以直接看著硬紙上的名字叫人。我對此感到疑惑，就問旁邊的同學。他笑著解釋，演講的人都是一流的人物，和他們交流就表示機會。你的回答令他滿意或驚訝的時候，他很有可能提供更多機會給你。這是一個非常簡單的道理。事實也是如此，我確實看到自己周圍的幾個同學，因為高超的見解，最後到知名的公司任職……」

專家說完故事之後，許多聽眾主動舉手回答專家的提問。

在競爭日趨激烈的情況下，機會不會主動找到我們。只有自己敢於展示自己，讓別人認識自己，吸引別人的目光，才有可能獲得機會。

一個善於表現自己的人，其成功機會就會比別人更多。不懂得適時展示自己的人最可悲，因為這樣會使自己錯過許多成功機會！

那些埋怨機會沒有降臨在自己身上的人，總是覺得自己懷才不遇而牢騷滿腹。其實，不是沒有機會成功，而是沒有識別機會、抓住機會、利用機會。

愚者失去機會，智者抓住機會，成功者創造機會。機會對每個人都是公平的，但是只垂青那些有準備的人。因為，如果沒有充分準備，即使機會來了，也會溜走。

術業有專攻，只走適合自己的路

通往成功的道路有許多條，可能只有幾條甚至一條適合自己。如果選擇錯誤，就會浪費許多時間，甚至最終與成功無緣。所以，想要盡快獲得成功，就要找出最適合自己的那條道路。想要找出這條道路，就要具備選擇能力。

什麼是選擇能力？簡單地說，就是給自己定位，尋找適合自己道路的能力。

在這個精彩而複雜的世界，無論是強者還是弱者，無論是成功者還是失敗者，他們之間最重要的區別是：對人生之路選擇的差別。前者選擇一條布滿荊棘但是可以使自己散發光彩的道路；後者選擇一條平坦大道，卻是平庸之路。

在這一點上，那些偉人的經歷值得我們借鑑。

偉人之所以偉大，是因為他們選擇偉大的事業。如果他們選擇的不是偉大的事業，在今天的歷史書上不會有他們的名字，是偉大的事業使他們變得偉大。

比爾・蓋茲在談到自己成功經驗的時候說：「我的成功，在於自己的選擇。如果有什麼秘密，就是兩個字——『選擇』。」

想要不平凡，想要在芸芸眾生之中脫穎而出，想要實現自己的人生價值和生活夢想，就要記住決定自己一生的兩個字：選擇！

是的，選擇是最重要的。在所有因素中，沒有什麼因素可以像選擇那樣產生決定性作用，也沒有什麼因素可以像選擇那樣讓我們面對生活。

有兩個兄弟，一起住在一棟大樓裡。一天，他們去郊外爬山。傍晚時分，他們回家的時候發現一件事情：大樓停電了！這是一件令人沮喪的事情。為什麼？因為很不巧，他們住在大樓的頂樓。頂樓是幾樓？頂樓是八十樓。

雖然他們背著沉重的行李，但是別無選擇，哥哥對弟弟說：「我們爬樓梯上去吧！」於是，他們背著行李開始往上爬。到了二十樓的時候，他們覺得很累，弟弟提議：「哥哥，行李太重了，不如這樣吧，我們把它放在二十樓。我們先上去，等到大樓恢復電力，再坐電梯下來拿吧！」

哥哥一聽，覺得這個主意不錯：「好啊！弟弟，你真是聰明。」於是，他們把行李放在二十樓，繼續往上爬。卸下沉重的包袱之後，兩個人覺得輕鬆許多。他們有說有笑地往上爬，但是好景不常，到了四十樓，他們又覺得很累。想到只爬了一半，他們開始互相埋怨，指責對方不注意停電公告，才會落到如此下場。他們一邊吵一邊爬，就這樣爬到六十樓。

到了六十樓，兩人筋疲力盡，就連吵架的力氣也沒有。哥哥對弟弟說：「算了，只剩下最後二十樓，我們不要再吵了。」於是，他們一路無言，安靜地繼續往上爬。終於，八十樓到了。到了家門口，哥哥長吁一口氣，然後說：「弟弟，把鑰匙拿來！」弟弟說：「有沒有搞錯？鑰匙不是在你那裡嗎？」

猜猜發生什麼事情？——鑰匙留在二十樓的行李裡！

我們最在意的是什麼？希望將來的自己和現在的自己有什麼不同？是不是可以做什麼事情，不讓這個遺憾發生？我們要做什麼？那就是選擇。在關鍵時刻，我們要選對自己的人生道路——術業有專攻，只走適合自己的路。

不讓一日閒過，人生才會更富有

如果有人問我們：世界上最寶貴的東西是什麼？我們一定會回答：時間。時間是我們生命中的過客，總是在不知不覺中悄然而去，不留痕跡。許多人經常在時間消逝以後才會發現，自己留給自己的時間已經所剩無幾。

正是因為如此，才會有古人一聲嘆息：少壯不努力，老大徒傷悲。相對於歷史的長河，人類的生命顯得如此短暫。如何讓有限的生命創造巨大的價值，才是我們應該思考的問題。

屬於我們的時間，有零散時間也有整段時間，如何充分利用自己的時間，不讓一日閒過，也是我們應該思考的問題。

一個人的知識儲備越多，生活才會越豐富。一個有能力的人，善於從日常生活中學習和充實自己。

生活是精彩而複雜的，有很多東西值得我們學習，那是書本上學不到的。如果一個人的知識只是來自於書本，他永遠無法成長，因為他不瞭解生活，不瞭解生活的含義……

古人說：「讀萬卷書，行萬里路。」我們必須擁有豐富的知識和閱歷，以理論聯繫實際，善於利用知識來處理事情。豐富的閱歷，是成功者不可缺少的本錢。所以，我們要注重書本上的知識，也要注重生活中的知識。

古人云：「紙上得來終覺淺，絕知此事要躬行。」讀書獲取知識非常重要，但是實踐獲取知識也是必不可少。我們也許明白這一點，但是善於這樣去學習嗎？

許多人認為，應該等待一個適當時機，以妥善方法去開拓前程。這種想法未免過於保守，因為那個適當時機可能永遠不會到來。我們的生命不是精心設計而毫無差錯的電腦程式，所以應該有準備迎接挑戰的勇氣。

對此，蕭伯納有一句名言：「一般人只是看到已經發生的事情，然後說為什麼如此？但是我

夢想從未有過的事物，並且問自己為什麼不能？」我們應該有夢想和希望，因為奮鬥過程和達成目標一樣，可以使自己產生無比的快樂。

高爾基曾經說：「一個人追求的目標越高，他的才華就會發展得越快，對社會越有益。」

如果你有天賦，勤奮會使你如虎添翼；如果你沒有天賦，勤奮會使你贏得一切。推動世界前進的人，不是那些天資卓越而才華洋溢的天才，而是那些智力平凡而埋頭苦幹的人。

懶惰是一種毒藥，會毒害人們的肉體，也會毒害人們的心靈。無論多麼美好的東西，只有付出相應的勞動和汗水，才可以瞭解這種美好得來不易。

自強不息和追求進步的精神，是一個人卓越的象徵，也是一個人成功的徵兆。

事實上，從一個人如何利用自己的零散時間上，就可以預言他的前途。

現在的社會中，競爭非常激烈，生活更是艱難。這樣一來，更是要求我們善於利用時間來增加知識，增長自己的才華。

想要讓自己的生活更富有，請珍惜每分每秒的時間吧！因為它離開以後，永遠不會再來。

—第6章—積極進取

即使是沙漠，也要把它變成綠洲

Don't be too hard on yourself.

偉大的心胸，應該表現出這樣的氣概——用笑臉來迎接悲慘的厄運，用百倍的勇氣來應付一切的不幸。

——魯迅（現代）

不要吝惜自己的讚美

有些人長相平凡卻語出驚人，為什麼？因為他們擁有自信。他們懂得尊重別人，所以贏得別人的尊重。

無論是在什麼階層中，只有收入高低和分工不同的區別，絕對沒有人格貴賤之分。尊重要表現在心裡，也要表現在言語上。如果不說出來，別人怎麼會知道我們在想什麼？很多人對沒有必要的寒暄反感，認為這是客套和虛偽。殊不知，寒暄在交際場合中非常重要，可以打破人與人之間的陌生感，因此我們有必要學會與別人寒暄。

有人說：「如果寒暄只是打招呼就算了事，與猴子的呼叫聲有什麼不同？」事實上，正確的寒暄必須在一句話中明顯表露自己的關懷。

在我們日常生活中，寒暄的主要形式有以下幾種：

路遇式的寒暄

就是在路上或是公共場所遇到朋友，順便打招呼。一種是對經常見面的朋友握手，說一句「你好」，在路上騎車相遇，相互點頭，微笑一下，不必下車，擦肩而過。另一種是在路上遇到長時間沒有見面的朋友，這個時候不可以點頭即過，而是要停下來，多說幾句。如果有急事要處理，要與對方說清楚再離開，這是人際交往的基本常識。

會晤前的寒暄

如期見面或是客人到達以後，在談論正題之前的問候。一種是最常見也是最基本的問候方式，例如：「你好」「請進」「請坐」。另一種是特殊情況的問候方式，例如：對病人、老人、師長、朋友，或是遇到大病初癒、長途旅行、遭遇不幸等情況，寒暄問候要體貼入微，暖人心扉。

寒暄的主要內容有以下幾類：

關懷式寒暄

這是最常見的寒暄方式，真摯深切的問候對於加深人際之間的感情有重要的作用。

激勵式寒暄

就是在寒暄的幾句話中，給別人鼓舞和力量。幾句寒暄，就可以給別人很大的激勵。

幽默式寒暄

在寒暄中，加入一些幽默詼諧的成分，對於協調交際氣氛很有效果。人際之間的良好溝通與深切友誼，就是在幽默的寒暄中建立起來。

此外，我們與別人溝通的時候，經常會發現別人的缺點。有些人經過提醒以後就可以改正，有些人好像已經根深蒂固。

在現實生活中，我們發現別人的缺點，應該及時予以指正和批評，這是非常必要的。

父母不批評孩子，是溺愛；老師不批評學生，是不負責任；朋友之間只有恭維，沒有批評，不是良朋益友，而是酒肉朋友；只會濫用廉價的表揚而不敢進行批評的主管，更是處世圓滑的平庸之輩。

批評是一種藝術，其重點在於如何讓對方虛心接受，進而正確地行事，也使自己的人際關係更和諧。

心理學研究顯示，批評如果反覆進行就會失去作用。有些人在批評別人的時候，總是以為自己有道理，然後不斷地批評，這是一種低下的批評方法。有經驗的人在批評別人的時候，總是適可而止。

批評別人的時候，每次只能提及一兩點，不要「萬箭齊發」，讓對方難以招架，否則會使對方難堪。批評的話語不要重複，點明以後，對方已經明白，並且表示考慮或是誠心接受，就不必再說下去。如果只是不斷地批評，可能會得到反效果。

在友善批評的同時，不要吝惜自己的讚美。有些人吝惜讚美，不瞭解正面引導和表揚鼓勵是多麼重要。給別人真誠的讚美，表現對別人的期望與信任，有助於增進彼此之間的瞭解和友誼，是協調人際關係的最佳方法。每個人都有可以讚美之處，只是長處和優點有大有小、有多有少、有隱有顯。只要我們細心，隨時可以發現別人可以讚美的「閃光點」。即使長期處於消極狀態的人，只要稍有改正缺點，就應該及時給予肯定和讚揚。

但是讚美也應該注意以下兩點：

讚美要真誠自然

真誠的讚美有純潔的動機，不是為了從對方那裡得到什麼才讚美。**卡內基說：「如果我們只圖從別人那裡獲得什麼，就無法給別人真誠的讚美，也無法給別人真誠的快樂。」**

讚美別人要得體

生活中，我們經常需要稱讚別人。得體的讚美，於人於己都有重要意義。對於別人來說，他的優點和長處因為我們的稱讚而更有光彩，他也會因為我們的稱讚而更有自信。對於自己來說，真誠地稱讚別人，表示自己被別人的優點和長處吸引，並且對自己稱讚的事物充滿嚮往。受到稱讚的人會更有自信，我們的人際關係也會更和諧。

只要心中有路，全世界都會為你讓路

愛自己，是終身幸福的開始。心中有路，自己的人生才會有路。就像一次旅行，重要的不是沿途的風景，而是點亮路途的明燈以及觀賞風景的心情。

在這個世界上，沒有任何標準可以說明我們活得很好。請記住：找到適合自己的生活方式，就可以成為最優秀的自己。

英國著名詩人濟慈本來是醫學院學生，後來他發現自己有寫詩的才華，當機立斷放棄醫學，把自己的生命投入到詩歌中。雖然他只活了二十幾歲，但是為人類留下許多不朽詩篇。如果他不認識自己，沒有找到自己的位置，英國至多增加一個醫生。

在英國華威郡有一個城鎮——史特拉福鎮，距離小鎮不遠有一座貴族宅邸，主人是湯瑪斯·路希爵士。有一天，二十多歲的莎士比亞和幾個好事之徒溜進爵士的花園，開槍打死一頭鹿。結果，莎士比亞被當場抓住，在管家的房間裡被囚禁一夜。他在這個晝夜之間受盡汙辱，被釋放以後，寫了一首尖刻的諷刺詩，貼在花園的門上，惹得爵士火冒三丈，揚言要訴諸法律，嚴懲那個寫詩的人。莎士比亞無法在家鄉待下去，只好走上去倫敦的路途。

正如作家華盛頓·歐文所說：「從此，史特拉福鎮失去一個手藝不高的梳羊毛人，全世界卻獲得一位不朽的詩人。」

只要可以找到適合自己的生活方式，就可以活出自己的風采！

很多年以前，一個因為家裡貧窮而沒有讀書的年輕人，來到城裡找工作。可是，他發現城裡沒有人看得起自己，因為自己沒有學歷。

這位年輕人在離開那個城市以前，寫一封信給當時很有名的銀行家羅斯。在信裡，他抱怨命運對自己是如何不公平：「如果你可以借我一些錢，我會先去讀書，然後找一份好工作。」

信寄出去了，他一直在旅館裡等待。

幾天過去了，他用盡身上最後一分錢，也將行李打包。就在這個時候，旅館老闆說有一封信要給他，是銀行家羅斯寄來的。他急忙地打開信，在信裡，羅斯沒有對他的遭遇表示同情，而是說了一個故事。

羅斯說，浩瀚的海洋裡有很多魚。那些魚都有魚鰾，可是鯊魚沒有魚鰾。照理說，沒有魚鰾的鯊魚，不可能活下去：牠行動極為不便，很容易沉入水底，在海洋裡只要停下來，就有可能喪生。於是，為了生存，鯊魚不停地運動，不停地奮鬥。很多年以後，鯊魚擁有強健的體魄，成為同類中最凶猛的魚。

最後羅斯說，這個城市就是一個浩瀚的海洋，擁有學歷的人很多，但是成為強者的人很少。而你，現在就是一條沒有魚鰾的鯊魚……

那天晚上，這個年輕人躺在床上無法入睡，他一直在思考羅斯信中的故事。最後，他改變決定。第二天，他對旅館老闆說，只要可以給自己一碗飯吃，他就會留下來幫忙，一分錢也不要。旅館老闆不相信世界上有這麼便宜的勞力，很高興地留下他……

十年以後，這個曾經一無所有的年輕人擁有讓許多人羨慕的財富，並且娶了銀行家羅斯的女兒，他就是石油大王哈特。

對大多數人來說，最缺乏的就是信心。首先要相信，自己在做正確的事情；其次要相信，自己在正確地做事。為什麼成功者可以不斷成功，但是失敗者卻接連失敗？原因是：成功的經驗讓他們具有無比的自信。最可悲的事情是：很多人毫無成功經驗可言，無法給自己灌輸信心，他們怎麼可能成功？

只要心中有路，全世界都會為你讓路。人生如旅程，更要腳踏實地，一步一腳印地走好每一步。

即使內心悲傷，也要給自己找一千個理由微笑

這個世界上，有多少困難，就有多少解決困難的方法，只是我們沒有用笑容來坦然面對，缺少戰勝困難的勇氣和信心。

用微笑來面對自己遇到的困境，所有困境都會在微笑面前低頭。

百貨公司裡，有一個窮苦的婦人帶著一個五歲的男孩在閒逛。走到一架照相機旁邊，孩子拉著媽媽的手說：「媽媽，讓我照一張相吧！」

媽媽彎下腰，把孩子的頭髮攏在一旁，慈祥地說：「不要照了，你的衣服太舊了。」

孩子沉默片刻，抬起頭說：「可是，媽媽，我還是會面帶微笑的。」

如果在生活中，我們像那個男孩一樣衣衫襤褸甚至一無所有，還會像他一樣從容坦然而開懷微笑嗎？在這個世界上，沒有任何東西可以比一個燦爛的微笑更可以打動人們的心。

無論我們身處何方，無論我們身兼何職，無論我們陷入多麼嚴重的困境，或是遭遇多麼重大的打擊，都要用微笑去面對。所有的不幸和困惑，都會屈服在我們的微笑之下。微笑是人類最簡單的語言，可以消除人與人之間的隔閡，可以化解人與人之間的堅冰。我們的微笑可以撫慰自己的心靈，讓生活充滿陽光雨露。

既然我們知道挫折和困境是人生道路上不可避免的，為什麼不能坦然樂觀地面對，讓自己的靈魂保持微笑？自強不息是我們生命中蘊含的不可阻擋的力量，這種力量會使所有苦難如輕煙一般隨風飄散，然後徹底消失。

記住：盡量消除或減少消極心態和悲觀情緒，在自己的周圍尋找讓自己開心和快樂的事情。**只有在絕境中仍然可以抓住快樂的人，才可以真正領悟到快樂的真諦。**

生活中的困境和不幸對我們造成的挫折感，是否像烏雲擋住太陽一樣，遮住我們的視線，讓我們無法看到光明？如果我們換一個角度去看待這個世界，就會驚奇地發現：這個世界一片光明，充滿生機和活力。既然我們活著，就要享受所有快樂和痛苦，不要和自己過不去。

在生活中，我們會遇到許多事情，或喜或憂，或成功或失敗，完全無從選擇。我們必須調整自己的情緒，遇到任何事情都往積極方面思考。這樣一來，不僅可以幫助我們妥善處理各種問題，也可以獲得身心健康，何樂而不為？

托爾斯泰在散文名篇《懺悔錄》中，曾經說過一個故事：

一個男人被一隻老虎追趕而掉下懸崖，慶幸的是，在跌落過程中，他抓住一棵生長在懸崖邊的灌木。此時，他發現頭上那隻老虎虎視眈眈，低頭一看，懸崖下還有一隻老虎。更悲慘的是，兩隻老鼠正在啃咬懸著他生命的灌木根鬚。

絕望中，他突然發現附近生長一簇野草莓，伸手可及。於是，這個男人拽下草莓，塞進嘴裡，自言自語：「多麼甜啊！」

生命的旅途中，病痛、絕望、災難、不幸會不約而來地向我們逼近，讓我們陷入無奈的困境。我們是否可以像以上這個故事敘述的那樣，在危急時刻還可以享受野草莓甜美的滋味？

如果我們在逆境中可以保持理智和清醒，就可以更全面地認識自己的優點和缺點。

日常生活中，我們經常面臨工作不得志、情場失意、朋友之間的誤會。其實，我們與別人相處的各種情況，就像冬去春來、冷暖交替的變化。等到所有事情煙消雲散的時候，我們才會發現，當時的行為實在是幼稚和荒唐。但是等到下次類似的事情發生的時候，我們又會不斷抱怨，從未想過汲取以前的經驗和教訓。就這樣，我們在困惑和清醒之間游移徘徊，從起點開始，然後又回到起點，無法得到任何突破和成長。

所以，我們身處逆境的時候，應該不斷反省自己，重新認識自己。因為許多時候，我們無法真正認識自己，總是否定自己內心存在的孤寂和空虛。同時，由恐懼引起的各種不良的負面情緒，使我們失去反省的機會。

我們在順境的時候感到得意，是一件非常自然的事情，但是我們在逆境的時候，必須苦中作樂，全面認識那個平常被我們疏忽的自己，隨時給自己一個燦爛的微笑，更好地生活、更好地成長。

擁有豁達心胸，不要讓情緒成為負擔

豁達是一種至高的人生境界，是一種高尚的道德修養，是一種優秀的傳統美德。豁達是原諒可容之言、包涵可容之人、饒恕可容之事，時時寬容，事事忍耐。只有這樣，才可以讓自己達到寵辱不驚的境界，創造安寧的心境。

豁達是一種情操，更是一種修養。只有豁達的人，才會真正懂得善待自己，善待別人，生活才會充滿快樂。

豁達也有程度的區別，有些人對容忍範圍之內的事情很豁達，如果超出某種限度，就會突然改變，表現出完全相異的反應。最豁達的人，具有一種遊戲精神，會將容忍限度擴大。

一個身經百戰、出生入死、從未有畏懼之心的將軍，解甲歸田以後，以收藏古董為樂。一天，他在把玩最心愛的一件古瓶，差一點脫手，嚇出一身冷汗，突然若有所悟：「當年，我出生入死，毫無畏懼，現在怎麼會嚇出一身冷汗？」

片刻以後，他悟通了——因為我迷戀它，才會有憂患得失之心，破除這種迷戀，就沒有東西可以傷害我，遂將古瓶擲碎於地。

豁達者的遊戲精神，即是如此。既然把某件事情視為一種遊戲，儘管同樣會滿懷熱情，盡心盡力地投入，但是真正欣賞的只是做這件事情的過程，而不是目的——遊戲的樂趣在於過程之中，就可以解除得失之心的困擾。

一位店主的年輕工人總是遲到，並且每次都以手錶有問題作為理由。於是，那位店主對他說：「恐怕你要換一個手錶，否則我會換一位工人。」這句話軟中帶硬，既保住對方的面子，又嚴厲地指出對方的過失，這樣比較容易讓對方接受。

豁達才會贏得擁戴，一個領導者必須有寬大的心胸，才可以包容形形色色的下屬、各種人的個性、工作中的各種壓力，站在自己事業的高處。

一位德高望重的長老，在寺院的高牆邊發現一把椅子，他知道有人藉此越牆到寺外。長老搬走椅子，憑感覺在這裡等候。午夜，外出的小和尚爬上牆，再跳到「椅子」上，他覺得「椅子」不似先前硬，軟軟的，甚至有些彈性。落地以後，小和尚定眼一看，才知道椅子已經變成長老，原來他跳在長老的身上，是長老用脊樑去承接他。

小和尚倉皇離去，以後一段日子，他誠惶誠恐等候長老的發落。但是長老沒有這樣做，完全沒有提及這件「天知地知你知我知」的事情。小和尚從長老的寬容中獲得啟示，他收住心沒有再去翻牆，而是透過刻苦的修煉，成為寺院裡的佼佼者。若干年以後，他成為這座寺院的長老。

有一位老師發現一位學生上課的時候，經常低著頭畫些什麼。有一天，他走過去拿起學生的畫，發現畫中的人物正是齜牙咧嘴的自己。老師沒有生氣，只是憨憨地笑了笑，要學生下課以後再加工一下，畫得更神似一些。

自此，那位學生上課的時候沒有再畫畫，各門課都學得不錯，後來成為頗有造詣的漫畫家。

透過以上的例子，我們可以歸結出一點：主角以後的有所作為，與當初長老和老師的寬容不無關係。寬容是一種無聲的教育，是寬容喚起的潛意識糾正他們的人生之舵。

如果長老搬去椅子對小和尚施以懲罰，「殺一儆百」也是合情合理的，小和尚也許會從此收斂，但是可能不會真正地反省。同樣地，如果老師對學生的惡作劇大發雷霆，並且狠狠地加以批評，可能學生以後再也不敢在課堂上做其他事情，但是在學生的心中會留下傷痕，可能就沒有後來的成就。

在日常生活中，有些人在背後傳播你的謠言，或是說你的壞話，你是想要找機會報復他們，還是不與他們爭執而寬容他們？你的親戚或摯友有意無意地做出對不起你的事情，你是與他們從此絕交，還是默默承受寬容他們？如果你是一個處事冷靜的人，就應該選擇寬容，這樣的選擇對自己和別人都有好處。因為寬容不僅可以使自己從仇恨與煩惱中解放出來，每天都有好心情，還可以讓自己的身體因為放鬆而健康，更可以讓自己在和諧中交際，擁有一個好人緣。

寬容與豁達對於人生幸福是如此重要，怎樣才可以使自己達到這種境界？有幾點是應該明確的：

欲望應該有一個限度

有官能，必然存在欲望，但是欲望超出一定的原則和範圍，就會變成罪惡。克制欲望，使之合理適度，是讓自己的心靈歸於祥和平靜的重要法門。

有自知之明

我們是否可以讓自己豁達，關鍵在於：是否可以正確評價自我和確立自我追求。一個人評價自我，是透過認識自己的長處和短處來進行。如果誇大長處，就會傲氣盈胸，自命不凡；如果誇大短處，就會自慚形穢，自暴自棄。只要自我評價失真，就會在追求目標的選擇上陷入盲目。只有自我評價恰如其分的時候，才會心寧情暢而不驕不躁，制定適度的生活目標。

一個追求豁達的人，必定是一個認真瞭解和確實瞭解自己的人！

學會自我反省

我們不是聖人，難免會有罪惡和虛偽的念頭。存有這些念頭不可怕，可怕的是放縱和寬恕自己，進而造成惡性循環，永遠生活在黑暗中，最後被毀滅。我們應該經常反省自己，警惕自己，告誡自己，使這些念頭不再出現。只有不斷清洗自己的內心，掃除思想上的桎梏和精神上的煙霧，才可以讓自己豁達。

擁有豁達心胸，情緒就不會是負擔。豁達是一種情操，更是一種修養。只有豁達的人，才會真正懂得善待自己，善待別人，生活才會充滿快樂，這樣才是豁達人生！

每天前進一小步，促使人生大進步

荀子《勸學篇》有云：「不積跬步，無以致千里；不積小流，無以成江海。」意思是說：不累積一步半步的距離，就無法到達千里之遠的地方；不累積細小的流水，就無法匯聚成為江河大海，由此可見累積的重要作用。

人生也要不斷地累積，人生之路也是由累積而成。只有腳踏實地向前走，不斷充實自己和完善自己，才可以達成自己的目標。

所有事情不可能一蹴而就，人生也不可能一步成功，因此我們每天都要努力。

這裡所說的努力，不是盲目地努力，而是有計畫和方向的努力。我們做事的時候，必須注意行動的方向性和有效性。這樣一來，不僅可以節省時間，也會更有成效，進而避免勞心勞力又毫無所為。

有一個「腦筋急轉彎」的題目：荷塘裡有一片荷葉，它每天會增長一倍，假設三十天會長滿整個荷塘，第二十八天的時候，荷塘裡有佔多少地方的荷葉？答案要從後往前推：四分之一荷塘的荷葉。

就像荷葉長滿荷塘的過程，荷葉每天變化的速度都是一樣的，可是前面花費二十八天的時間，我們可以看到的荷葉只有一點點。在追求成功的過程中，很多人只對第二十九天的希望與第三十天的結果感興趣，卻因為不願意忍受漫長的過程，在第二十八天的時候放棄。

很多人終生一事無成，不是因為沒有能力，而是因為缺乏耐心。他們不在意每天的進步，而是急於求成，最後放棄每天的進步，進而放棄希望，放棄成功。

每天進步一點點，具有無窮的威力，我們要有足夠的耐力和信心，持續堅持下去。想要每天有所進步，最有效的方法是：制定確實可行的日常活動表。**歌德曾經說：「朝向某一天終於要達**

到的那個終極目標邁步還不夠，還要把每個步驟看作目標，使它作為步驟而產生作用。」

有一份調查報告顯示：六〇%的人目標模糊，二七%的人沒有目標，這些人大多有比較安穩的工作和生活。如果我們沒有生活目標，就會得過且過，對生活感到厭倦，容易精神疲乏，甚至造成憂鬱和焦慮。想要走出這種困境，就要為自己制定生活目標。但是每個人的條件各異，如何制定適合自己的生活目標？

每天結束以後，填寫回顧、分析日記，給自己制定合理的行動目標，可以使自己擺脫不願意行動的處境，也可以給自己帶來行動以後的滿足，逐漸消除懶惰與懈怠。

有一位因為車禍而殘障的年輕人問心理學家：「你認為我還有前途嗎？」

心理學家回答：「如果你想要成為一個跳高選手，那是沒有前途；如果你想要成為一個有作為的人，還是大有前途。」

對於這位不幸的年輕人而言，他的生活目標已經在意外中突然改變。如果他以跳高選手作為生活目標，一定會非常憂慮，因為他無法像正常人那樣運動。

對他而言，重新建立合理的生活目標，找一個適合自己的工作，會增加對自身能力的信心，會因為看到希望和前途而重新振作。

每天對自己說：我要進步一點點！堅持一段時間以後，就會發現自己真的進步了。所以，相信自己有改變生活的力量，給自己制定一個合理目標，努力實現吧！

努力的同時，不要忽略沿途的風景

有些人每天非常忙碌，弄得自己疲憊不堪。事實上，這種生活方式是不可取的！我們不能不工作，也不能因為工作而忽視享受生活。

工作只是達成自己理想和願望的手段，而不是生活的全部。如果我們只是低頭趕路，或是往前奔跑，就會忽略沿途的風景。

其實，每天忙碌工作的人也可以灑脫，關鍵是：忙中求閒，苦中見樂，緊張中求輕鬆。只要我們學會享受生活，學會體驗生活的快樂，就會發現世間的事物是多麼美好。

或許，在某個夏日的午後，我們突然發現，由鋼筋水泥簇擁而起的高樓將狹長的影子傾覆在街道上，空中縱橫的電線密如蛛網，偶爾棲落的幾隻可愛的麻雀如活蹦亂跳的音符，透過喧囂，竟然給我們一種恬淡澄明的美妙。

我們終日奔波勞苦，不妨離開繁忙的都市，到郊外尋覓去處，呼吸新鮮空氣，欣賞自然景色，於和風暖日中執竿垂釣，體驗張志和《漁歌子》詩中「西塞山前白鷺飛，桃花流水鱖魚肥。青箬笠，綠蓑衣，斜風細雨不須歸」的垂釣意境，一定會讓我們流連忘返。在垂釣時候的全神貫注，靜觀水面魚漂的沉浮動靜，也會讓自己感到心曠神怡，別有一番情趣，有益於自己的身心健康。

從這個觀點來看，如果我們面對的壓力很大，就要更多地放鬆，這樣一來，就可以保持平衡。**這個時候，我們就要學會放鬆，如果壓力是生活的必需品，放鬆就是生活的醫療包。**

努力的同時，不要忽略沿途的風景。在假日，可以去郊外走走，在大自然中放空心靈，用心欣賞人生風景，且歌且行。

一第7章一志在奮鬥

敢做敢闖，才可以不負此生

Don't be too hard on yourself.

我們最重要的原則是：不要讓別人打倒自己，也不要讓事情打倒自己。

——居里夫人（波蘭）

敢於取捨，關注最重要的事情

我們的一生，有無數次選擇，也有無數次放棄。什麼是我們應該選擇的，什麼是我們應該放棄的？很多人在面對困惑的時候，總是舉棋不定，徘徊猶豫。

選擇，是一門學問；放棄，是一種智慧。生活，因為選擇而多姿，因為放棄而明朗。人生，因為選擇而精彩，因為放棄而輝煌。

只有放得下，才可以拿得起；只有有所捨，才可以有所得；只有輸得起，才可以贏得了。可以放棄自己擁有的人，才是一個有智慧的人。

每個人生活中的每時每刻，都是在選擇中度過。品味生活，最大的快樂是做出選擇，最大的痛苦也是做出選擇。不同的選擇導致不同的命運，錯誤選擇會讓我們與成功無緣，甚至釀成悲劇。只有量力而行的睿智選擇，才可以讓自己一帆風順，到達理想的港灣，創造幸福的生活。

哲學家尼采曾經說：「生命的本身迫使我們建立價值。我們建立價值以後，生命本身透過我們進行評價。」想要有所得，就要充分發揮自己的長處，認真工作和學習，擴大自己的價值。

大多數平凡的人，都希望自己成為不平凡的人。他們夢想成功，才華獲得賞識，能力獲得肯定，擁有名譽、地位、財富。遺憾的是，真正可以做到的人，微乎其微。

所有的成功人士，都有一個共同的特徵：無論智商高低，無論從事什麼行業、擔任什麼職務，都可以保持積極進取的態度，看重自己的價值，對目標執著，並且堅持到底。

除了音樂家、畫家、運動員依靠某些天賦才有可能做出一番成就以外，絕大多數人都是依靠後天的訓練與努力獲得成功。

一位知名的經濟學教授曾經引用三個經濟原則，做出貼切的比喻：

比較利益原則

他指出，就像一個國家選擇經濟發展策略一樣，每個人應該選擇自己最擅長的工作，做自己專長的事情，才可以愉快地勝任。

換句話說，我們不必羨慕別人，自己的專長對自己是最有利的，這就是經濟學的「比較利益」原則。

機會成本原則

自己做出選擇之後，就要放棄其他選擇，兩者之間的取捨就是這個工作的機會成本，自己必須全力以赴，增加對工作的認真度。

效率原則

工作的成果不是在於工作時間的長短，而是在於效率和附加價值的高低。只有這樣，自己的努力才不會白費，才可以得到適當的報償與鼓勵。

機會不是等待，如果我們遲疑，它就會投入別人的懷抱。我們不必看輕自己，要相信自己的能力是獨一無二的，自己正在完成一件偉大的事情。有朝一日，我們就可以變得「很不平凡」。

腳踏實地是我們在成長中不可缺少的。每個人在年輕的時候都會立志，有些人想要成為科學家，有些人想要成為發明家，但不是每個人都可以成為科學家和發明家。培養一技之長，累積自己的資源，最終才會如願以償。

人生充滿變數，一個人的成功與否，不僅要看他的資質，還要看他的毅力。我們應該擁有夢想，否則就會失去奮鬥的目標和方向，但是成功的條件必須日積月累地做好準備，絕對不要躺在那裡等待。

如果我們總是做自己最擅長的事情，在選擇中注重效率，把自己的價值最大化，最終就會有所成就。

貧窮不可怕，可怕的是：心裡想著貧窮

曾經有一部風靡全球的暢銷書《秘密》，書中告訴我們一個重要的法則：吸引力法則。關注什麼，就會吸引什麼。也就是說，我們現在的一切，都是自己心裡所想吸引而來。

古時候，有一個勤奮好學的木匠。有一次，他為一位法官修理椅子，不僅修理得十分精細，而且對這把椅子進行改裝。旁邊的人對此十分不解，於是問他為什麼要改裝椅子。

木匠解釋：「我要讓這把椅子經久耐用，以使我成為法官的時候可以坐上它。」

沒想到，最後他心想事成，真的成為一位法官，坐上自己當初改裝的這把椅子。

故事終究是故事，可是「心想事成」確實存在於現實中。其中的秘密，從心理學角度來說，是人類的意識和潛意識在產生作用。

人類的心靈主要有兩個部分，那就是：意識和潛意識。意識做出決定的時候，潛意識就會做好所有準備。也就是說，意識決定「做什麼」，潛意識決定「如何做」。意識就像冰山露出水面的部分，潛意識就像冰山在水面下的部分。

瞭解意識與潛意識的關係和奧秘，解釋「心想事成」就會比較容易。我們如果在自己的大腦中設定一個夢想，並且下定決心要實現它，就會在意識的驅動和潛意識的力量下，跨越前進道路上的許多障礙，成功就會有確實可靠的保障，這就是「心想事成」的秘密。

十九世紀二〇年代末期，從紐約華爾街開始，一場可怕的經濟危機迅速吞噬美國，並且很快涉及到全世界。在蕭條的艱難時代中，商人的貨物無人問津，失業人口劇烈增加，處於困境中的人們已經很少出門進行娛樂消費。

這個時候，經營娛樂業的唐納也無法倖免。對他來說，這是自己受到的最殘酷的打擊。沒有客人消費，自己的公司就沒有收入，資金無法周轉，貸款無法償還，他已經到了瀕臨破產的境地。

就在這個時候，唐納在一本雜誌上發現一張照片，上面是位於紐約百老匯的一家劇院，名字叫做阿斯陀亞劇院，這是一家以豪華而著稱的劇院，歷來是上層人物雲集的場所。唐納一直非常喜歡它，並且希望有一天可以擁有它，於是他隨手將照片撕下來，裝在口袋裡。

這個成為唐納的夢想，成為支撐他度過難關的力量。因為對於樂觀的唐納來說，每次看到這張照片，都是對自己的一種激勵。

一九三一年，大蕭條還在繼續。已經一籌莫展的唐納，為了保住自己苦心經營的成果，只好將以自己名字命名的「唐納大劇院」賣給債主。

雖然他已經一文不名，但是他相信自己的經營能力和經驗是一種無形的巨大財富。他相信：沒有自己的經營，所謂的「唐納大劇院」只是一具空殼。

果然不出所料，沒過多久，他的債主主動找上門來，邀請他負責「唐納大劇院」的經營工作，條件是：他獲得三分之一的股份。

於是，經過一番周折，他還是保住自己的部分產業，雖然只有三分之一。

因為心中有夢想，也為了解決資金方面的困難，唐納又做起石油生意。幸運的是，就在他投資以後不久，這場史無前例的大蕭條終於結束了，世界經濟開始重新復甦。唐納由於及時投資石油生意，又比別人早走一步，因此獲得巨大的利益，也收回自己的「唐納大劇院」。

在此之後，唐納已經不再滿足於在家鄉發展。他在美國西岸的舊金山買下兩家劇院，在故鄉紐奧良又買了幾家。然後，他把注意力集中在中部地區的芝加哥，積極籌劃收購號稱世界最大的「芝加哥劇院」。為了集中精力，他將一些經營不善或是設備陳舊的劇院出售，其中包括讓自己費盡心機才得以保存的「唐納大劇院」。

在自己的事業獲得發展之後，他又來到芝加哥，在那裡興建另一家劇院。對此，人們議論紛紛，與論普遍認為，在一個地區擁有兩家劇院，不是自己和自己搶生意嗎？不是削弱自己的競爭實力嗎？但是唐納不這麼認為，他有自己的見解。

唐納說：「在像紐約和芝加哥這樣龐大的市場裡，兩家劇院其實不算多。更何況，我在芝加哥的兩家劇院是不同等級的：一家是經濟實惠型，另一家是高級豪華型，它們可以吸引不同階層的客人，紐約的兩家劇院也是如此。因此，這樣不僅不會造成資源浪費，相反地，還會加強兩者之間的分工與合作，提高整體的競爭力。」

事實證明，唐納的決策是正確的。在此之後，紐約和芝加哥的四家劇院為他帶來巨大財富，使他坐上娛樂大亨的寶座。

確實，意識和潛意識可以控制我們的命運。如果意識給潛意識一個目標，潛意識就會實現這個目標；如果意識給潛意識一個指令，潛意識就會執行這個指令。成功和財富是產生在那些有成功意識的人身上，失敗和貧窮是產生在那些有失敗意識的人身上。

當然，我們的夢想必須建立在現實的基礎上，並且要為實現夢想而付諸行動。如果發現自己的夢想不切實際，就要及時調整自己的方向。

放下心中的包袱，為自己設定一個夢想，然後在意識的指導下，調動自己的潛意識，關注自己想要的事物。透過自己的努力，夢想就會變成現實。

沒有規劃的人生，談不上成功

為什麼做同一件事情，有些人可以成功，有些人卻會失敗？關鍵在於：是否具備計畫能力？人生短暫，時間寶貴，在關鍵時刻要妥善計畫，然後付諸行動，才會更有效率，才會更快接近目標。

計畫能力是能力和程度的表現。無論是企業還是個人，都需要適時規劃。

設定明確的目標，對於職場人士而言，是非常重要的。為了最終達成目標，目標設定可以按照長期、中期、短期進行，短期目標還要分解成為具體明確的目標，才可以順利實現每個階段的目標。

一九七〇年，美國哈佛大學對畢業的學生進行一次關於人生目標的調查：二七%的人，沒有目標；六〇%的人，目標模糊；一〇%的人，有清晰但是短期的目標；三%的人，有清晰而長遠的目標。

一九九五年，即二十五年以後，哈佛大學再次對這些學生進行追蹤調查，結果顯示：三%的人，他們朝著一個方向持續努力，成為社會各界的成功人士，其中不乏行業領袖和社會精英；一〇%的人，他們的短期目標不斷實現，成為各個行業和領域中的專業人士，生活在社會的中上層；六〇%的人，他們安穩地工作與生活，但是沒有特別明顯的成績，生活在社會的中下層；二七%的人，他們的生活沒有目標，過得不如意，並且經常抱怨別人。

其實，他們之間的差別只是在於：二十五年以前，有些人知道自己的人生目標，有些人不知道自己的人生目標。

按照自己的目標有計畫地做事，可以提高工作效率，快速實現目標。計畫是一個排列優先順序的方法，有計畫以後再付諸行動，成功機率會大幅提升。只有行動而沒有計畫，是所有失敗的開始。

所以，無論做什麼事情，都要有周密的計畫和明確的目標。這樣一來，才可以在實施過程中有遵循依據，才可以節省人力和物力。

按照計畫行事，還可以為監督檢查提供依據，減少盲目性，增強自覺性。對於提高工作效率來說，更是不可缺少的一環。成功人士善於規劃自己的人生，知道自己要達成哪些目標，擬定優先順序，並且制定詳細計畫，按照計畫行事。

有時候，我們無法完全按照計畫進行。但是只要有計畫，就可以為自己提供做事架構的優先順序，讓自己可以在固定的時間內，完成需要做的事情，進而使自己事半功倍。

一次只做好一件事情

想要獲得成功，就要記住：一次只做好一件事情。因為只有這樣，才可以集中有限的力量，才可以逐個擊破，以實現更大的目標，實現人生的超越。

幾年以前，哈佛大學的一個行為問題調查小組對一百個即將畢業的學生進行抽樣調查，向每個人提出一個問題：「十年以後，你希望在什麼地方，從事什麼工作？」

這些學生各自回答，他們想要發財、出名、經營公司，或是從事可以影響自己生存的世界的重要工作。

對於這樣的回答，許多調查員已經司空見慣，所以不感到驚奇。可是，令他們感到好奇的是：在這些被詢問的學生中，有十個學生不僅決定征服世界，而且將目標清楚地寫出來，說明自己什麼時候即將取得什麼成就，其他學生沒有寫出自己的具體目標。於是，調查員們推斷，這十個學生的命運肯定與眾不同。

十年之後，調查員們又對那些學生進行調查，發現一個令他們感到震驚的事實：那十個曾經寫下自己目標的學生，他們的財產竟然佔所有學生財產的九六％。也就是說，那十個學生的成功率超過其他同學的十倍。

為什麼會出現「九六％」這個令人吃驚的數字？從表面上看，或許會發現這是那些學生寫下自己目標的結果，可是從深層來看，這是因為他們不僅擁有一個目標，而且善於將這個目標具體化——具體到每個小目標上，進而可以「一次只做好一件事情」。

實際上，在所有成功人士之中，都會確立自己的目標，而且以五年為一期，制定自己的「五年目標」。他們選擇五年的期限，是因為期限太短的目標似乎不具有令人振奮的快感，而且不具挑戰性；十年又過於遙遠，缺乏立刻要做的緊迫感。所以，五年對個人目標來說似乎最適合。

他們寫出自己的五年目標並且做出承諾以後，有一個成功的關鍵步驟，那就是：全面出擊，各個擊破，一次只做好一件事情。

按照以下的步驟去做，或許會對你有所幫助：

將自己的目標分成五份

這樣做的結果是：自己的「五年目標」變成五個「一年目標」，可以確切知道自己從現在到明年必須實現的目標。

將每年的目標分成十二份

如此一來，就有每個月的目標，確切知道自己從現在到下個月必須實現的目標。

將每個月的目標分成四份

現在，可以知道自己下星期一必須做什麼，讓自己的行動更迅速和明確。

將每個星期的目標分成四、五、六、七份

用哪個數字劃分，取決於自己為實現一個目標而花費的時間。這樣一來，已經知道自己今天要做的工作，開始行動吧！

在完成上述程序之後，就可以做到「一次只做好一件事情」。每天早晨，我們可以堅定不移地奔向目標，日復一日地沿著康莊大道，到達自己最喜愛的樂土。

事實上，將自己的目標具體到「一件事情」這樣的目標，就可以發揮自己的長處，全力以赴地完成工作，進而獲取成功和幸福。同時，分成可行的「一件事情」，可以減輕自己因為不知所措而產生的煩躁，對於增強自己的信心有不可忽視的積極作用。

如果我們可以按照上述方法去執行，就可以消除成功遙不可及的神秘感，進而將自己的目標化為行動，距離成功也會更近一步。

做自己的伯樂，隨時關注自己的進步

我們經常聽到一句話：「千里馬常有，而伯樂不常有。」所以許多人相信，一定要有伯樂出現，看出自己的天賦並且盡力栽培自己，自己的天賦才有施展的舞台。正是因為如此，他們認為自己懷才不遇，總是埋怨時運不濟，為什麼「伯樂」還沒有出現？

可是他們有沒有想過，既然自己是「千里馬」，自己為什麼不做自己的「伯樂」？為什麼要浪費時間，等待那個可能不會出現的「伯樂」？現實生活中，「伯樂」扮演的不是「一路扶持、始終相依」的角色，而是幫助成功人士走向成功道路的精神支柱，最重要的是：障礙，還是要自己跨越。

我們最好的投資，就是投資自己。如果你是千里馬，那根可以讓自己跑得更快的鞭子百分之九十九握在自己手中，方向也是由自己操縱。

想要做自己的「伯樂」，就要培養「獨立自強」的能力。如果我們總是期待別人幫助自己，永遠無法超越平凡。可是在芸芸眾生中，有多少人可以真正依靠自己立身於社會中？除了那些真正的強者，大多數人總是習慣依靠別人，自己不願意展開行動。這樣的人生，即使擁有財富和地位，也不算是成功的人生。

自強是打開成功之門的鑰匙，也是汲取前進力量的泉源。在生活和工作中培養自強的能力，從處理一件小事開始，獨立思考和創造，制定計畫並且付諸實行，就可以開發自己的潛能，而不是依靠別人。

做自己的伯樂吧！在充滿風浪的人生海洋中，只有自己才可以幫助自己。

與其在安逸中老去，不如在風雨中綻放

在生活中，我們隨處可以看到一些年輕人：他們毫無目標地隨波逐流，沒有固定的方向，也不知道停靠在何方，在渾渾噩噩中虛度寶貴的光陰，荒廢青春的歲月。他們做任何事情的時候，不知道其意義所在，只是被裹挾在擁擠的人群中被動前進。如果你問他們想要做什麼、抱負是什麼，他們會告訴你，自己不知道要做什麼。他們只是漫無目的地等待機會，希望以此來改變生活。

怎麼可能指望在生活中沒有目標的人到達某個目的地？怎麼可能指望這樣的人不處在混沌和迷惘中？

從來沒有聽過懶惰閒散、好逸惡勞的人取得偉大的成就。只有那些在達到目標的過程中面對阻礙全力奮鬥的人，有可能達到成功的巔峰，有可能走到時代的前列。

絕大多數胸無大志的人之所以失敗，是因為他們太懶惰，因此不可能取得成功。他們不願意從事含辛茹苦的工作，不願意付出代價，不願意做出必要的努力。他們希望的只是一種安逸的生活，盡情地享受現有的一切。

在他們看來，為什麼要拼命地奮鬥？為什麼不享受生活並且安於現狀？

身體上的懶惰懈怠、精神上的彷徨冷漠、總是想要迴避挑戰的心理，就是使那麼多人默默無聞、無所成就的重要原因。

對那些不甘於平庸的人來說，養成隨時檢視自己抱負的習慣，並且永遠保持高昂的鬥志是完全必要的。要知道，一切都取決於我們的抱負。

如果它變得蒼白無力，所有的生活標準都會隨之降低。我們必須讓理想的燈塔永遠點燃，並且使之閃爍出熠熠的光芒。

雄心抱負通常在我們很小的時候就會初露鋒芒，如果它在我們身上潛伏很久之後，沒有得到任何鼓勵，就會逐漸停止萌動。原因很簡單，就像許多沒有被使用的功能一樣，它們被棄置不用的時候，它們就會不可避免地趨於退化或消失。

這是自然界的一個定律：只有那些被經常使用的東西，才可以長久地煥發生命力。如果我們停止使用自己的某種能力，退化就會自然而然地發生，原先具有的能力也會在不知不覺中離開我們。

沒有得到及時支持和強化的抱負，就像是一個拖延的決議。隨著願望和激情不斷地被否定，它要求被認同的呼聲也會越來越微弱，最終的結果就是徹底消失。

對於任何人來說，不管現在的處境多麼惡劣，或是先天的條件多麼糟糕，只要保持高昂的鬥志，熱情之火仍然在燃燒，就是大有希望的。

在我們的生活中，最大的挑戰是：如何保持對生活的激情，遠離茫無目的的生活，堅定明確的奮鬥目標，永遠讓熾熱的火焰燃燒，並且保持這種高昂的境界。

然而，許多人往往以這種想法從心理上欺騙自己。他們天真地認為，只要自己有期盼實現自己的理想和抱負的想法，就是已經達到目標。

理想和抱負需要由眾多的不同種類的養分來進行滋養，才可以使之蓬勃常新。只有在堅強的意志力、充沛的體力、頑強的忍耐力的支撐下，理想和抱負才會變得確實有效。與其在安逸中老去，不如在風雨中綻放。人生短短數十年，在感嘆平庸的同時，為什麼不拒絕平庸，活出真我的自己？

一第8章一堅定目標

勇敢就是，去做自己害怕的事情

Don't be too hard on yourself.

我認為克服恐懼的最好方法應該是：面對內心恐懼的事情，勇往直前地去做，直到成功為止。

——羅斯福（美國）

猶豫不決是絆腳石，不要讓它阻礙我們

很多人都有猶豫的習慣，無論做什麼事情都是左右徘徊、左顧右盼、思前想後，拿不定主意。有些人在應該做決定的時候沒有及時做出決定，因此耽誤大好時機，甚至與好運擦肩而過。猶豫的習慣往往會妨礙我們做事，因為猶豫會消滅我們的創造力。寫信就是一例，收到信件立刻回覆是最容易的，但是如果一再拖延，那封信就不容易回覆。因此，許多公司都規定，所有信件必須於當天回覆，不能讓這些信件擱到第二天。

命運經常是奇特的，好機會往往稍縱即逝，有如曇花一現。靈感往往轉瞬即逝，所以應該及時抓住，立刻行動。如果當時沒有善加利用，錯過之後就會後悔莫及。

一個生動而強烈的意念突然閃耀在一個作家腦海裡的時候，他就會產生一種不可遏制的衝動，要把那個意念寫在紙上。但是如果他那個時候因為有些不便而無暇執筆，那個意念就會變得模糊，最後完全從他的腦海裡消逝。一個神奇美妙的幻想突然躍入一個藝術家的腦海裡，迅速得如同閃電一般，如果那個時候他把幻想畫在紙上，必定有意外的收穫。但是如果他因為拖延而不願意在當時動筆，過了許多日子以後，留在腦海裡的幻想就會完全消失。

沒有什麼習慣比猶豫更有害。有些人生病以後卻不去就診，不僅會讓自己承受痛苦，而且病情可能惡化，甚至成為不治之症。沒有什麼習慣比猶豫更會使我們懈怠，減弱我們做事的能力。已經決定的事情猶豫不做，會對我們的品格產生不良的影響。只有按照計畫去執行的人，才可以增進自己的品格，才可以受到別人的景仰。其實，每個人都可以下定決心去做事，但是只有少數人可以堅持自己的決心，只有少數人是最後的成功者。

更糟糕的是，猶豫有時候會造成悲慘的結局。

翠登的司令拉爾收到消息，華盛頓已經率領軍隊渡過德拉瓦河。但是信使把信送給他的時候，他正在和朋友們玩牌。於是，他把那封信放在自己的衣袋裡，等到牌玩完以後才讀。讀完以後，他知道大事不妙，再去召集軍隊的時候，已經太遲了。最後全軍被俘，他自己也命喪敵軍之手。就是因為幾分鐘的遲延，拉爾竟然失去自己的榮譽和生命！

我們應該盡量避免養成猶豫的惡習，受到拖延引誘的時候，要振作精神去做，不要做最容易的事情，要做最困難的事情，並且堅持下去。這樣一來，就可以克服猶豫的惡習。拖延是我們最可怕的敵人，它是時間的竊賊，還會損壞我們的品格，敗壞好機會，劫奪我們的自由，使我們成為它的奴隸。「立刻行動」，這是一個成功者的格言。想要醫治猶豫的惡習，唯一的方法就是：立刻去做自己的工作。只有「立刻行動」，才可以將我們從拖延的惡習中拯救出來。要知道，多拖延一分，工作就會多困難一分。

「明日復明日，明日何其多。我生待明日，萬事成蹉跎。」放著今天的事情不做，非要等到明天再做，其實在這個拖延中所耗去的時間和精力，就可以把今天的事情做好。所以，把今天的事情拖延到明天再做，實際上很不划算。昨日有昨日的事情，今日有今日的事情，明日有明日的事情。今日的理想，今日的決斷，今日就要去做，不要拖延到明日，因為明日還有新的理想與決斷。所以，想到了就立刻行動，不要再猶豫！

世界上最可憐的人，就是那些舉棋不定、猶豫不決的人。有些人優柔寡斷到無可救藥的地步，不敢決定任何事情，不敢承擔所有責任。之所以這樣，是因為他們不知道事情的結果會怎麼樣——究竟是好是壞，是凶是吉。他們經常擔心今天對某件事情進行決斷，明天也許會有更好的事情發生，以致對今天的決斷產生懷疑。許多優柔寡斷的人，不敢相信自己可以解決重要的事情。因為猶豫不決，很多人使自己美好的想法陷於破滅。如果發生事情，就要和別人商量，不敢取決於自己，而是取決於別人。這種主意不定而意志不堅的人，不會相信自己，也不會被別人信任。所以，要逼迫自己訓練一種遇事果斷堅定而迅速決策的能力，對於任何事情都不要猶豫不決。

雖然決策果斷而雷厲風行的人也會發生失誤，但是他們還是比做事猶豫不決的人更強。對於比較複雜的事情，在決斷之前，必須從各個方面加以權衡和考慮，充分調動自己的知識，進行最後的判斷。但是如果決定以後，就不要再更改，不要留給自己準備後退的餘地。做出決定以後，就要斷絕自己的後路，只有這樣做，才可以養成堅決果斷的習慣，既可以增強自己的信心，也可以博得別人的信任。擁有這種習慣以後，在最初的時候，也許會做出錯誤的決策，但是由此獲得的自信等各種品格，可以彌補錯誤決策可能帶來的損失。

優柔寡斷，對於一個人品格上的訓練，實在是一個致命的打擊。這種品格上的弱點，會破壞我們的自信心和判斷力，有害於我們全部的精神能力。如果沒有果斷決策的能力，我們就會像深海中的孤舟，永遠漂流在狂風暴雨的汪洋大海裡，無法到達成功的彼岸。

所以，對於我們的成功來說，猶豫不決和優柔寡斷是一個陰險的敵人，在它還沒有破壞我們的力量之前，就要把這個敵人置於死地。不要再等待，不要再猶豫，不要等到明天，今天就應該開始。

目標給我們的能量，超出我們的想像

很多時候，人們最難抵抗的是精神上的壓力。很多人覺得活著沒有意義，整天無精打采甚至消極避世，就是因為沒有一個足以讓其拼盡全力去努力的目標。

你的頭腦被什麼限制？是什麼使我們沒有勇氣去打破僵局而躊躇不前？其實，就是自己不斷地給自己施加負能量的心理暗示。歸結起來，主要有以下幾種原因：

總是擔心「別人會怎麼想」

面對失敗，「別人會怎麼想？」確實是一種最普遍而且最具毀滅性的心理狀態。這種以「別人」為念的想法，是一種強而有力的枷鎖，會傷害我們的創造力和人格，使我們停滯不前。為了擺脫這種枷鎖，我們可以思考一下，「別人」不是「先知先覺」，而是「事後諸葛」。我們應該記住：走自己的路，讓別人去說吧！

總是思考「如果失敗怎麼辦」

如果失敗，就會扼殺自己初始的動機，不斷重複地說：「早知如此，何必當初！」因此把自己看得渺小，無法真正透徹地看清自己。為了擺脫這種枷鎖，必須改變自己的思想，因為思想會影響事情的發展。我們可以跟自己閒談，保持積極的態度。我們可以影響自己的心情，也可以影響自己的行動。

認為「已經來不及」

許多失敗者認為已經無法改變，因此對未來妥協，逆來順受地生活。為了擺脫這種枷鎖，我們可以觀察那些在社會中的活躍人物，不要理會「年齡的限制」，並且下定決心不斷奮鬥。成功與年齡無關，重新開始永遠為時不晚。

對過去犯下的錯誤無法釋懷

許多人害怕再次嘗試，因為他們曾經失敗而且受到傷害。但是，對於每個人來說，必須對過去犯下的錯誤保持正確的觀念，進而得以再求突破、再創佳績。我們不必把「過去的錯誤」看得太重，它們可以讓我們學會許多事情，使我們變得更成熟。

一個人的自我意識會受到許多因素的影響，不可能立刻改變。奧里森・馬登經過多年研究認為，影響心理暗示的因素有以下幾個方面：

如何看待自己的優點和缺點

如果認為自己有很多缺點，並且害怕承認，就會對自己的評價很低。如果可以充分認識自己的優點，並且表現自己的優點，不刻意掩飾自己的缺點，就會對自己的評價很高。

對自己提出什麼標準

如果自我期望和要求很低，就會感到志得意滿，不思進取；如果自我期望和要求很高，就會感到力不從心，悲觀失望。只有從實際出發，選擇一個期望適當的目標，才可以產生積極作用。

看他和什麼人進行比較

透過和不同的對象進行比較，可以使自己顯得笨拙或是聰明。如果我們眼界狹窄，只和幾個人進行比較，就會產生過分的自卑感和優越感。

個人是否有歸屬感

一個缺乏自信的人，如果發現自己所屬的群體和環境比較優越，就會增強自己的信心。反之，就會感到平庸而虛弱。同樣的道理，家庭的出身、別人的看法、學歷的高低，也是影響自我意識的因素。

如何看待實踐

成功令人鼓舞，失敗令人沮喪。這兩種不同的情況，對我們的自我意識有很大的影響。在這個問題上，也包括成功或失敗對自己產生的影響。

正是因為我們的自我意識受到許多因素的影響，所以我們要把成功心理包括的各個方面的思想內容相互聯繫，才可以體會其精神實質，應用到具體實踐中。但是不管有多少因素，最關鍵的因素還是由自我認識、自我評價、自我期望與要求構成的自我意識，因為所有因素的影響都要透過自己的心理反應才會產生作用。

只要正確瞭解自己的心理，正視自己的過去，在心理上給自己積極的暗示，就可以做出超乎想像的成就。

只要有夢想，就距離成功不遠

眾人矚目的佼佼者，總是人們討論的焦點。你有沒有想過，自己也可以像他們一樣？其實，只要你擁有這個夢想，就距離成功不遠。

我們心靈的願望，不是虛無飄渺的幻想，而是未來可能成為「現實」的預言。它們可以測量我們志趣的高下、能力的大小，是決定我們品格與生命形態的力量。我們心中的各種願望，會在我們的舉止、品格、生命中表現出來。

心靈的願望可以激發我們的創造力，驅策我們去從事自己期望的事情，幫助我們實現自己的夢想。**但是有夢想不表示就會成功，還有兩個必須具備的條件。第一，必須是合理的願望；第**

二，必須下定決心去努力實現夢想。

所謂合理的願望，不是指那些超越情理的妄想，而是可以實現各種理想的願望。我們的理想，就是自己對未來的「實際」構圖。合理的願望加上堅強的決心，才可以產生創造的力量，幫助我們達到目的。只有願望而沒有決心，這種願望最後會煙消雲散。具備合理的願望，再加上堅強的決心，成功就會屬於我們。

沒有信仰不可怕，可怕的是：有信仰不行動

我們必須信仰某些事物，但是如果我們沒有針對這個信仰去採取行動，一切仍然無用。

假如我問你是否相信美國是一個充滿機會的國家——也就是說，只要努力，每個人都可以達到自己追求的目標，你很有可能會回答：「是。」但是，你相信的程度如何？假如你此時失業，完全沒有收入，還會相信這種說法嗎？

有一個人就是如此相信，他的名字是雷納．川伽，住在密蘇里州獨立市的雷德街。一九二八年，他繼承一筆價值十萬美元的產業。但是到了一九三八年，他卻宣告破產。事情的經過是這樣的：

我的父親不僅事業成功，而且為人慷慨。在我高中的時候，只要我需要錢，他允許我隨時用銀行的帳號開支票。我讀大學的時候，更是精於此道。我完全不知道錢的價值，也不知道要用什麼方法去賺錢，只知道如何用父親的帳號開支票。

這樣的生活方式，一直持續到父親去世。父親去世的時候，留給我一塊十分值錢的土地，位置就在密蘇里河下游靠近萊辛頓一帶。我開始以農夫自居，但是不久之後，經濟大蕭條橫掃全國各地，第一年的財務就呈現嚴重赤字。我抵押一塊土地去償還債務和填補銀行存款，但是不景氣持續維持，只好把那塊抵押的土地以很低的價格賣出。由於我仍然需要錢，又以同樣的方法抵押土地，並且最終賣出去。

算總帳的日子終於來臨了。我知道自己一無所有，假如我要繼續活下去，就要去找一份工作——那是我以前從未做過的事情。我苦不堪言，晚上無法入睡。我唯一的技能是開支票，但是這個方法已經行不通，我完全不知所措。

一天晚上，我從噩夢中醒來，終於知道自己必須面對事實。我對自己說，滑雪橇的童年生活已經過去了，現在你已經長大成人，行事也要像一個大人。起來吧，要起來工作！

除了面對自己的困境之外，我也開始找出自己究竟信仰什麼。以前，我認為美國是一個充滿機會的國家，只要努力，就可以達到追求的目標。如今，雖然工作機會不多，但是我還是有一些長處。

我的健康情況良好，有一份大學文憑和一些商業知識，也有從失敗和錯誤中得到的經驗和體會。現在，我必須採取行動，而不是浪費時間去感嘆自己的不幸遭遇。

對我來說，找一份工作不容易，但是我不能讓自己頹喪下去，必須強迫自己用信心來取代恐懼和疑惑。我要相信這個國家是一個充滿機會的地方，只要有決心，每個人都可以爭得一席之地。就是這個信念，使我可以不輕言放棄。

這個信念終於得到證實。我在堪薩斯市的一家財務公司找到工作，並且在那裡愉快地工作四年。後來，我辭去工作，又回到農場上。這一次，事情進行得非常順利。我逐漸建立自己的信用，並且擴大事業的範圍。我買進賣出，獲得許多利潤。感謝多年以來失敗給我的教訓，這一次，我是走上成功之路。

我失去的產業，全部被我賺回來。我的努力沒有白費，更重要的是：我把這些寶貴經驗傳給兩個兒子，這樣比只給他們財富更有意義。

《如何度過一年三百六十五天》的作者約翰・席勒告訴我們：「成熟必須依靠學習得來。」而且，必須經過心力交瘁的苦難才可以學到。

在夏威夷，有一個建築承造商，堅信不可以輕言放棄。他不僅如此堅信，而且隨時在行動中表現出來，因此事業做得非常成功，他的名字是保羅・瑪哈。

一九三一年，他想要在建築界找一份工作，但是因為缺乏經驗，所以找不到工作。由於經濟不景氣，沒有公司需要增聘員工，經驗豐富的員工也經常遭到解雇。

「我實在感到氣餒……」他坦誠地說，「但是後來我決定，假如沒有人願意雇用我，我自己來做。我從親戚那裡借了五百美元，然後成立一家建築承造公司。」

「不景氣嗎？當然是的。想要蓋房子的人，誰會找一個沒有經驗又沒有名氣的人？但是無論如何，我鼓起勇氣，下定決心要堅持到底。就是依靠這個信念，我終於找到幾筆生意。」

「我的第一筆生意，是承造一棟兩千五百美元的房子。由於缺乏經驗、估價不準，結果損失兩百美元。但是有這次失敗的經驗，往後的幾筆生意就彌補過來。由於我堅信不可以輕言放棄，終於度過一生中最大的難關。」

許多人不是因為沒有信心而跌倒，而是因為無法把信念化為行動，並且不顧一切地堅持到底。

不要羞於開口，必須交幾個真心朋友

每個人都有一種瞭解別人的欲望，交朋友之前更要充分瞭解。因為只有充分瞭解之後，才可以在交朋友的時候有所選擇。只有性情相近、意氣相投的人，才可以成為朋友。

如何瞭解人們的習性採取適當的方式與其相處，是一門高深的學問。以下列舉九種不同習性的人，分別介紹相應的交際技巧：

性格死板的人

這種人經常我行我素，對人冷若冰霜。儘管客氣地與他們打招呼，也是愛理不理，不會做出人們期待的反應。一般說來，這種人的興趣比較少，不喜歡和別人溝通，但還是有自己關心的事情，只是別人不瞭解而已。所以，與這種人交往的時候，不僅不能冷淡，反而應該仔細觀察，注意他們的言行舉止，從他們的言行中尋找他們真正關心的事情。如果可以觸及他們關心的事情，他們可能會立刻拋去那種死板的表情而表現出熱情。

傲慢無禮的人

有些人自視甚高，目中無人，表現出一副「唯我獨尊」的模樣。與這種舉止無禮、態度傲慢的人交往，實在是一件令人難受的事情。可是，如果我們必須與這種人接觸，應該怎麼對付？最適合的方法有三種：

第一，減少與其交往的時間。在可以充分表達自己的意見和態度或是某些要求的情況下，減少他們可以表現自己傲慢無禮的機會。這樣一來，他們會因為缺乏這樣的機會而認真思考你提出的問題。

第二，語言簡潔明瞭。用最少的語言表達自己的要求與問題，讓他們認為你是一個很少有討價還價餘地的人，因此修正自己的態度。

第三，邀請他們去跳舞和唱歌。他們如果在你的面前表現出其生活的原色，在以後的交往中，就不會對你傲慢無禮。

沉默寡言的人

和沉默寡言的人在一起，人們會感到沉悶和壓力，性格比較外向的人更是覺得難受。在這種情況下，有些人為了緩和氣氛，會故意找一些話題來討論。其實，這是沒有必要的。因為對於沉默寡言的人來說，可能是出於有某種心事而不願意多言。在這種情況下，應該尊重他們，不要破壞他們的心境，讓其保持一種內心選擇的生活方式。相反地，如果故意找話題，並且想盡辦法與他們交談，只會引起他們的反感。

自私自利的人

自私自利的人儘管心中只有自己，特別注重個人的得失和利益，但是也會因為利益而忘我地工作。對他們不必有太高的期望，也沒有必要希望他們可以像朋友那樣以情為重。與這種人的交往關係，可以只是一種交換關係，做多少工作，給多少利益；做得好壞不同，利益也會不同。

爭強好勝的人

這種人狂妄自大，自我表現的欲望非常強烈，總是力求證明自己比別人優秀。遇到競爭對手的時候，總是不擇手段地進行打擊。人們雖然瞧不起這種人，但是為了顧全大局，經常會謙讓他們。有些爭強好勝的人不理解別人的謙讓，以為自己非常優秀，變本加厲地不尊重別人。對這樣的人，不能只是謙讓，有必要在適當的時候，以適當的方式打擊他們，使他們知道人外有人，天外有天。

狂妄自大的人

這種人沒有多少學問，經常是自我吹噓、誇誇其談。他們表現出來的不屑一顧的態度，其實是一種心靈空虛的補充劑，以維持其虛榮心。與這種人相處的方式很簡單：乍看之下，他們似乎視野開闊，天南地北無所不談，一副居高臨下的模樣，但是只要針對某個問題與之討論，他們就會露出馬腳。如果露出馬腳，他們的威風就會消失殆盡。

搬弄是非的人

不要以為把是非告訴你的人就是你的朋友，他們很可能是希望從中得到更多的談話資料，從你的反應中再編造故事，所以聰明的人不會與這種人推心置腹。讓他們遠離自己的方法，是對任何關於自己的傳聞反應冷淡，無須作答。

如果他們總是不厭其煩地把關於你的是非輾轉相告，以致對你的情緒造成很大的影響，你應該拒絕和他們見面，或是不接他們的電話，這種人不宜過多交往。

個性急躁的人

個性急躁的人冒犯自己，必須嚴肅對待，要保持頭腦冷靜，可以暫時置之不理，或是一笑置之。這一笑，在大多數場合可以使自己擺脫尷尬局面，避免與其發生爭吵。這種「一笑置之」的笑，可以是泰然處之的微笑，可以是表示藐視的冷笑，也可以是略帶諷刺的嘲笑……

城府極深的人

這種人為了在與別人交往的時候獲得主動，或是出於某種目的，不願意讓別人瞭解自己而隱藏自己。這種人總是希望更多地瞭解對方，進而在各種衝突關係中周旋，使自己立於不敗之地。對這樣的人，應該有所防範，不要為之所利用，不要讓他們得知自己的底細。

常言道：在家靠父母，出外靠朋友。此話不假，每個人的成功都不是依靠自己就可以達成。在成功的道路上，必須結交一群志同道合的朋友，與我們共擔風雨，共赴成功。

距離偉大的夢想，只有〇・五公分

理想與現實之間的距離，有時候可能只有「〇・五公分」。在追求理想的過程中，如果我們半途而廢，即使是「〇・五公分」，也會讓我們無法到達成功的彼岸。

在人生的征途上，從起點到終點，迎接我們的有鮮花和陽光，也有荊棘和陰霾，如果我們因為害怕失敗而放棄嘗試，永遠不可能成功。想要贏，就不要怕輸。如果可以正確地看待失敗，並且從中總結經驗和教訓，就可以距離成功更近。

萊特兄弟從小就對飛行產生濃厚興趣，希望有一天可以像鳥兒一樣飛到天上去。然而，由於生活所迫，他們曾經到郊外撿拾牛馬骨頭賣給肥料公司，撿拾廢金屬賣給廢鐵工廠。後來，他們開辦印刷廠發行報紙，但是以失敗告終。最後，他們開辦一間規模很小的自行車店，從事修理及販賣工作。

不管是從事什麼工作，他們始終對自己的夢想無法忘懷。每個星期六的下午，他們會來到山坡的草地上，觀察禿鷹隨著氣流振翅高飛的景象。

不久之後，他們在自行車店裡製作實驗室，開始實驗機翼風阻的情形。此外，他們也經常以放風箏做實驗。最後，他們製作一架比風箏更大的滑翔機，將它搬運到北卡羅萊納州的基爾德比丘陵，開始數年的滑翔試驗。

幾年下來，他們成功地將引擎裝備安裝在滑翔機上，利用機器滑翔。

一九〇三年十二月十七日，那個人類歷史上永遠值得紀念的日子，萊特兄弟二人商議，由擲銅板決定誰先坐上飛機，結果弟弟奧維爾先坐上飛機。那一天，天氣非常陰暗寒冷，海岸吹著刺骨的寒風，海浪波濤洶湧地拍打海岸。萊特兄弟一行五人準備飛行事宜，陰寒的天氣使他們在地上不停地跺腳。可是，不管天氣多麼寒冷，奧維爾也不能穿著大衣坐上飛機，因為他必須使飛機載重的負荷減至最低。

上午十點三十五分，奧維爾坐上已經發出爆裂聲的飛機，雙腿伸直俯臥，拉動引擎桿，飛機發出轟隆的巨響。起飛的時候，排氣管也發出怪聲，直到它緩緩升高，在天空中搖搖晃晃，盤旋二十秒以後，降落在一百公尺以外的沙地上。

萊特兄弟的夢想終於實現了。這架人類最早的飛機，成功地飛上天空，使人類的飛行夢想得以實現。

「〇・五公分」，在頑強者的眼中，或許只是一個憑藉慣性就可以衝刺過去的距離，然而對於那些信念不堅定的人，這個距離足以讓他們望而卻步。

在美國西部的「淘金熱」中，有一個人挖到金礦。他非常高興，可是後來礦脈突然消失。他繼續挖掘，還是徒勞無功，所以決定放棄。他把機器便宜地賣給一個老人以後，帶著自己的金礦坐火車回家。

這個老人請一位採礦工程師在距離原來停止開採的地下三公尺處挖到金礦。這個老人從別人放棄的地方開始，賺了幾百萬美元。

再堅持一下，就可以突破「〇．五公分」。沒有堅強的毅力，再美好的夢想只是幻想。做任何事情如果半途而廢，之前的辛苦就等於白費。可以承受各種考驗的人，才可以實現自己的夢想，才是最後的勝利者。

所以，不到最後關頭，不能輕言放棄，要鍥而不捨地努力下去，以求得最後的勝利。

—第9章— 完善自我

與眾不同，自是無可替代

Don't be too hard on yourself.

勇敢產生在鬥爭中，勇氣是在每天對困難的頑強抵抗中養成的。我們青年的箴言就是勇敢、頑強、堅定，就是排除所有障礙。

——奧斯特洛夫斯基（蘇聯）

檢視自己的缺點，讓自己激情四射

成功學上有一句名言：「無法找到自己的缺點，就無法找到自己的優點。」如果我們在某個方面有缺點，只要可以及時而準確地診斷出病根，並且在那個方面多加努力，把自己的思想集中在那個方面多加思考，那個方面的腦細胞就會逐漸變強。

這就是診斷自己的缺點就可以實現人生超越的科學依據。

在追求卓越的道路上，有一些缺點會讓我們裹足不前。這個時候，它們就會成為挖掘「金礦」的絆腳石，如果沒有及時發現並且剷除它們，我們的自信這把鎬就可能被折斷。

扁鵲是戰國時期的名醫，那個時候的醫生不像現在這樣在醫院等著病人上門，而是遊走行醫。扁鵲雖然是名醫，但是也和其他大夫一樣，往來於各國之間治病救人。

有一次，扁鵲來到齊國。當時，齊國的國君是齊桓公，他對扁鵲的大名早有耳聞，於是請扁鵲進宮，想要看看這位名醫到底有多少能耐。在齊國的宮殿裡，扁鵲從容不迫、對答如流。談話之中，扁鵲看出齊桓公罹患疾病，於是直言：「大王，你罹患疾病，雖然不嚴重，但是如果不及時醫治，恐怕會惡化。」

齊桓公是一個頑固份子，對扁鵲的提醒不僅不領情，反而感到十分反感。他沒有任何生病的感覺，所以只是淡淡地說：「我沒有生病。」

扁鵲沒有再說什麼。幾天以後，扁鵲又見到齊桓公，發現他的疾病已經深入到血脈，於是再提醒他：「如果不及時醫治，病情還會加重。」

齊桓公還是和上次一樣，沒有把扁鵲的話放在心上。

過了幾天，扁鵲再去見齊桓公，又對他說：「你的疾病已經深入到腸胃之間，如果不及時醫治，後果不堪設想。」

齊桓公終於忍不住，十分不悅地諷刺：「你們這些大夫只會醫治那些沒有病的人，以此來顯示醫術高明。我根本沒有生病，為什麼要接受治療？」

扁鵲見齊桓公如此固執，也打消為他治病的念頭，而且此後看見齊桓公就繞路而行。

齊桓公對扁鵲的這個舉動感到十分奇怪，於是派人去問原因。

扁鵲對來人說：「疾病如果在皮肉，幾服湯劑就可以治好；如果在血脈，可以用針灸來醫治；如果在腸胃，可以用藥水來醫治。如果深入骨髓，就沒有任何方法。現在，齊王已經病入膏肓，我無法醫治。」

果然，沒過幾天，齊桓公病發而亡。齊國士兵前往捉拿扁鵲的時候，他已經離開齊國。

有時候，認識到自己的缺點不是一件簡單的事情，不僅要樹立正確的觀念，還要有細緻入微的技巧。富蘭克林為我們提供一個診斷自己缺點的秘笈，他說：「一本筆記簿和一支筆，就可以解決所有問題。」事實上也確實如此，讓我們來體會他提供的兩份清單中的含義：

自我鑑定的過程

（一）準備階段

帶上一本筆記簿和一支筆，找一個可以讓自己的思維集中的地方，然後全神貫注地思考自己的長處與弱點。這個時候，應該下定決心，要求自己必須在完成自我鑑定以後才可以離開。

（二）開始鑑定

在第一張紙中間畫出一條分隔號。

寫下自己的長處

在分隔號的一邊，列出自己喜歡做和擅長做的事情。不要只限於那些自己有利可圖的事情，也不要因為考慮別人的願望而列出許多事情。你要考慮的，只是那些讓自己輕鬆而且覺得有趣的事情。

寫下自己的弱點

在分隔號的另一邊，列出自己不喜歡做和不擅長做的事情。你可能會因為列出得太多而害怕，這完全沒有必要，因為我們從懂事開始就在和弱點打交道。所以，即使在寫完之後發現弱點很多，也不必大驚小怪。

集中評價

將清單中列出的長處和弱點進行綜合分析，找出幾件可以使自己在某種程度上贏得別人稱讚的事情，再找出幾件總是讓自己感到一敗塗地的事情。前者就是你的長處，後者就是你的弱點。

自我鑑定的法則

（一）像對待「金礦」一樣對待自我鑑定，因為它是你成功所必需的。

（二）選擇適合的時間和地點。要選擇可以保證自己的思維最集中、心情最平靜的時候進行自我鑑定，以實現自我鑑定的客觀準確，同時要遠離人群和電視或是任何可能干擾的因素。

提前預定時間，一般大約需要兩個小時。

保持良好的精神，可以將其安排為早晨第一件事情。

準備足夠一次完成全部計畫所用的物品。

有時候，正是因為有缺點的存在，我們才會有追求完美的動力。可是，如果我們對自己的缺點視而不見，也有可能導致難以挽回的損失，「千里之堤，潰於蟻穴」說的就是這個道理。

槍打出頭鳥，我們需要聰明的「糊塗」

常言道：槍打出頭鳥，言外之意就是：鋒芒畢露的人，一定會被打壓。古語亦有「木秀於林，風必摧之」，也是同樣的道理。

被別人打壓的時候，應該怎麼做？這個時候，需要一些聰明的「糊塗」。

有一個國王很喜歡下棋，於是他張貼通告，只要會下棋的人，可以來宮裡跟他一爭高下。贏的人可以得到一袋金幣，輸的人不會被砍頭，只要將自己輸的消息傳給二十個人。

很多會下棋的人都到宮裡碰運氣，最終的結果都是輸棋。如此一來，幾百個人對決以後，幾乎全國的人都知道國王的棋藝無人能敵。

有一個農夫的兒子，住在偏僻的鄉下。一個偶然的機會，他從一個外族人那裡學會下棋。國王的棋藝無人能敵的消息傳到他的耳裡，他覺得這是上帝給自己的恩賜，自己去比賽一定可以贏得那袋金幣。於是，在全村人的期待中，他踏上前往皇宮的路。

國王的棋藝確實高超，經過激烈苦戰以後，農夫的兒子勉強贏了國王。勝利的那一刻，農夫的兒子非常高興。但是，等到他終於平復心情期待得到金幣的時候，搭在他脖子上的卻是一把利劍。第二天，他的屍體掛在城樓上。

被別人打壓的時候，就要立刻反省自己：是不是鋒芒畢露？是否應該收斂一下？**職場生存的第一法則是：克制自己的情緒，用聰明的方式解決問題。**

被別人打壓的時候，聰明的方式是先收斂自己，「藏巧露拙」暗地裡「較勁」，然後找機會一蹴而就。

古人云：「騏驥一躍，不能十步；駑馬十駕，功在不捨。」適時讓自己表現得愚鈍一些，沒有什麼不好。

維斯卡亞公司是美國二十世紀八〇年代最著名的機械製造公司，其產品銷往全世界，並且代表機械製造業的最高水準。許多人畢業以後到這家公司求職遭到拒絕，原因很簡單：公司的高技術人員爆滿，不再需要各種高技術人才。但是令人垂涎的待遇和足以自豪的地位，仍然向那些求職者閃爍誘人的光環。

詹姆斯和許多人的命運一樣，在公司每年一次的用人測試會上被拒絕申請。其實，這個時候的用人測試會已經是徒有虛名。但是詹姆斯沒有放棄，他發誓一定要進入這家公司。於是，他採取一個特殊的策略——假裝自己一無所長。

他先找到人事部門，提出為公司無償提供勞動，請求公司分配任何工作給他，他都會不計報酬地完成。公司起初覺得不可思議，但是不用任何花費也不需要擔心，就讓他去打掃工廠裡的廢鐵屑。一年以來，他勤奮地重複這個簡單而勞累的工作。為了糊口，下班以後他還要去酒吧打工。這樣雖然得到老闆和同事的好感，但是仍然沒有人提到錄用他的問題。

一九九〇年初期，公司的許多訂單被退回，理由都是產品品質有問題。為此，公司遭受巨大的損失。公司董事會為了挽救頹勢，緊急召開會議。會議進行一半卻尚未見眉目的時候，詹姆斯闖入會議室，提出要直接見總經理。在會議上，他把對這個問題出現的原因做出令人信服的解釋，並且針對工程技術上的問題提出自己的看法，隨後拿出自己對產品的改造設計圖。這個設計非常先進，恰到好處地保留原來產品的優點，同時克服已經出現的問題。總經理和董事會的董事看到這個工人如此精明，立刻詢問他的背景。面對公司的最高決策者，詹姆斯將自己的意圖和盤托出，經過董事會舉手表決，他立刻被聘為公司負責生產技術問題的副總經理。

原來，詹姆斯在工作的時候，利用可以到處走動的特點，細心察看公司各個部門的生產情況並且做出詳細記錄，發現存在的技術性問題並且想出解決的方法。為此，他花費一年時間進行設計，做出大量的統計資料，為自己一展雄姿奠定基礎。

信奉大智若愚的人，是真正的聰明人，他們以大智若愚的方式來保護自己。

大智若愚，不僅是一種自我保全的智慧，也是一種實現目標的智慧。俗話說：「虎行似病」，裝成病懨懨的模樣正是老虎吃人的前兆，聰明不露才有任重道遠的力量，這就是「藏巧於拙，用晦如明」。現實中，不管自己是機巧奸猾還是忠直厚道，都喜歡不會弄巧的人，因為這種人不會對自己造成巨大威脅。所以，想要達到自己的目標，沒有機巧權變是不行的，但是要懂得藏巧，不被別人識破，也就是「聰明而愚」。

大智若愚不是要我們假裝愚笨，強調的是一種處世智慧：謹言慎行，謙虛待人，不要盛氣凌人。這不是一種消極被動的生活態度，如果我們可以謙虛待人，就會得到別人的好感；如果我們可以謹言慎行，更會贏得人們的尊重。

在複雜的世界中，如果我們可以用大智若愚的方式去生存，就可以避免很多煩惱，達到一種逍遙的境界。

我們要做的是：等待一個可以讓自己的才華撥雲見日的機會。守得雲開見月明，有時候裝傻不見得是壞事。

放下沒有必要的憂慮，天不會塌下來

小時候，你是否曾經被這些無聊想法隨時折磨，心裡總是充滿憂慮：暴風雨來臨的時候，擔心被閃電擊中；害怕任何一個比自己大的男孩會威脅自己，或是無緣無故地揍自己一頓；害怕女孩在自己向她問好的時候取笑自己；害怕將來沒有女孩願意嫁給自己；為結婚之後應該對自己的妻子說的第一句話是什麼而操心……經常花費幾個小時思考這些驚天動地卻又不得不承認是杞人憂天的問題。

日子一年一年地過去，你逐漸發現，自己曾經擔心的事情中，百分之九十九的事情根本不會發生。例如：你以前很害怕閃電，可是現在你肯定知道，被閃電擊中的機率大約只有三十五萬分之一。

事實上，我們在嘲笑這些在童年和少年憂慮之事的時候是否想過，很多成年人的憂慮也幾乎同樣的荒謬。如果根據平均法則考慮人們的憂慮究竟是否值得，並且真正做到很長時間內不再憂慮，人們的憂慮中有百分之九十可以消除。

羅溫娜太太是一位平靜沉著的女人，她好像從來沒有憂慮過。有一天晚上，她和朋友坐在熊熊的爐火前，朋友問她是不是曾經因為憂慮而煩惱，她講述以下的故事給朋友聽：

以前，我覺得自己的生活差點被憂慮毀掉。在我學會征服憂慮之前，我在自作自受的苦難中生活十一年。那個時候，我的脾氣很壞，總是生活在非常緊張的情緒下。每個星期，我要從聖馬刁的家搭乘公車到舊金山買東西。可是即使在買東西的時候，我也是煩惱得要命——也許他又把電熨斗放在熨衣板上；也許房子燒起來；也許我的傭人跑了，丟下孩子們；也許孩子們騎著他們的腳踏車出去，被汽車撞了。我買東西的時候，經常會因為煩惱而弄得冷汗直冒，然後衝出商店，搭乘公車回家，看看是不是一切都很好。難怪我的第一次婚姻沒有好結果，我的第二任丈夫是一個律師——一個對任何事情可以加以分析的人，從來沒有為任何事情憂慮過。

每次我神情緊張或是焦慮的時候，他就會對我說：「不要緊張，讓我們認真地思考……你真正擔心的到底是什麼？讓我們看看事情發生的機率，這種事情是不是有可能會發生。如果參考所謂的機率法則，就會因為發現的事實而驚訝。例如：如果你知道在五年之內就要進行一場蓋茲堡戰役那樣慘烈的戰役，你一定會嚇壞了。你會想盡辦法去增加自己的人壽保險；你會寫下遺囑，把所有的財物變賣一空。你會說：『我可能無法活著撐過這場戰役，所以我最好痛快地過剩下的這些年。』但是事實上，根據機率計算，五十歲到五十五歲之間，每一千個人之中死去的人數和蓋茲堡戰役十六萬三千個士兵每一千個人之中陣亡的人數相同。你回顧過去的幾十年，會發現大多數的憂慮都是因此而來。」

全世界最有名的保險公司——大英帝國保險公司，就是依靠人們對一些不可能發生的事情擔憂而賺進大量的收入。保險公司是在跟人們打賭，認為他們擔心的事情幾乎不可能發生。但是保險公司不把這個稱為賭博，而是稱為保險。實際上，這是一種以平均法則為根據的賭博。

這家保險公司已經有兩百年的歷史，除非人類的本性改變，否則它至少還可以繼續維持五千年。它只是為你保車子的險、保鞋子的險，利用計算機率的法則向你保證那些事情發生的情況，不像一般人想像得那麼常見。

我們在對杞人憂天嗤之以鼻的時候，是否應該反思自己，是不是也經常沒有必要地憂慮，不自覺地成為一個「杞人」。

有一句警世名言刻在泰姬陵上：「往上看，不要往下看。往外面看，不要往裡面看。」事實上，我們大多數的憂慮都是多餘的。

在古巴比倫的法典上，有這麼一句話：「不要為明天憂慮。」可是在古希伯來語的譯文中，這句話被譯為：「不要去想明天的事情。」其實這是一種誤譯。

因為如果這樣，不就是不必為自己和旁人的未來訂定計畫？這句話的本義是不要急躁，要避開無用的焦慮，不要對無法預知的事情杞人憂天。

我們都知道，焦慮會耗蝕精力，如果一個人凡事都可以做到深謀遠慮，就可以有所成就。我

們不應該焦慮，而是應該冷靜。

經常性的焦慮，不信任一切，被恐懼控制，久而久之，我們會養成壞習慣，變成一種對自己不利的情形。這樣一來，不僅會打擊我們的士氣，使自己焦慮過度，還會把我們變成一個無用之人，甚至奪去我們的生命。

持續不斷地焦慮和煩躁，毫無信心而一事無成，會把身體拖垮，使我們不能好好工作，不能好好思考。

人們在焦慮中往往不用頭腦去思考，總是會鬧情緒，讓消極的情緒特別是恐懼任意調侃自己，虐待自身。**因此，我們要盡力掙脫焦慮的束縛，如同掙脫病魔的束縛一樣。**

有些人總是無法擺脫經常性的憂慮，杞人憂天般地過著思想負擔沉重的生活。就算沒有事情可以憂慮，他們也會找一些事情來憂慮。有些人從本性上就有憂慮的氣質，有些人從小就沉浸於憂慮中，因為不知道下一步會變成怎麼樣，這樣的人生就會灰暗，趕快擺脫它的控制吧！

羅斯福總統也有心情灰暗的時候，有些壞心情甚至永遠無法根除。儘管他也有這樣的心情，但是他的成就卻超過許多心情愉快的人，其秘訣就是在於他可以利用和控制自己的壞心情，而不致蒙受其害。

羅斯福總統的傳記作家曾經說，這種憂鬱是羅斯福家族的傳統，可是羅斯福總統卻不像一般人那樣，以此作為藉口而因循偷懶。

人生不應該經常受到擔驚受怕的侵襲，被憂慮蠶食。假如一個人覺得自己內向，應該停下來，從沉思中抬起頭，打開窗戶，看看周圍的人們，給旁人一些鼓勵。

此外，晚上的思潮往往是最荒唐的，它經常會超越理性。如果我們不注意，就會使自己陷入病態。

一個人如果顯得疲憊不堪，多半是因為其內心有什麼煩惱的緣故。遇到困難或危險，給予自己很自然的關切，是一種健全的處置態度。

人生很艱苦，甚至非常艱苦，到處都有可能遭逢險境，但是這樣彷彿是安排好的。否則，如果一切太順利，我們會變成軟體動物。一個人經過多少顛沛，就是經歷多少磨練。

習慣微笑，它會帶給你更多的機會

要讓自己快樂非常簡單，那就是：少一分絕望、多一分自信，在身處絕境的時候懂得苦中求樂，才是人生的真諦。

快樂是什麼？快樂是血、淚、汗浸泡的人生土壤裡怒放的生命之花，正如詩人惠特曼所說：「只有受過寒凍的人，才會感覺到陽光的溫暖；只有在人生戰場上受過挫敗和痛苦的人，才會知道生命的珍貴，才可以感受到生活中的真正快樂。」

第二次世界大戰期間，一位名叫伊莉莎白・康黎的女士，在慶祝盟軍在北非獲勝的那天收到一份電報，她的侄兒——她最愛的一個親人死在戰場上。她無法接受這個事實，決定放棄工作遠離家鄉，把自己永遠藏在孤獨和眼淚之中。

她在整理東西準備辭職的時候，忽然發現一封早年的信，那是她的侄兒在她母親去世的時候寫給她的。信上這樣寫著：我知道你會撐過去。我永遠不會忘記你曾經教導我的：無論在哪裡，都要勇敢地面對生活。我永遠記得你的微笑，像男子漢那樣，可以承受一切的微笑。她把這封信讀了一遍又一遍，似乎他就在她的身邊，一雙熾熱的眼睛望著她：你為什麼不依照你教導我的去做？

她打消辭職的念頭，對自己說：我應該把悲痛藏在微笑下繼續生活，因為事情已經是這樣，我沒有能力改變它，但是我有能力繼續生活下去。

人生是一張單程車票，一去無返。在荷蘭首都阿姆斯特丹一座教堂廢墟上留著一行字：事情是這樣，就不會是那樣。藏在痛苦泥潭中無法自拔，只會與快樂無緣。告別痛苦的手必須由自己揮動，享受今天盛開玫瑰的捷徑只有一條：堅決與過去分手。

艾科卡依靠自己的奮鬥，終於當上福特公司的總經理。一九七八年七月十三日，得意忘形的艾科卡被亨利・福特開除。在福特公司已經工作三十二年卻突然失業，艾科卡痛不欲生，他開始喝酒，對自己失去信心，認為自己要徹底崩潰。

就在這個時候，艾科卡接受一個新挑戰——到瀕臨破產的克萊斯勒公司擔任總經理。憑藉智慧、膽識、魅力，他大刀闊斧地對克萊斯勒公司進行整頓和改革，並且向政府尋求援助，舌戰國會議員，取得巨額貸款，重振企業雄風。在艾科卡的領導下，克萊斯勒公司在最黑暗的日子裡推出K型車的計畫，這個計畫的成功令克萊斯勒公司起死回生，成為僅次於通用汽車公司、福特汽車公司的第三大汽車公司。一九八三年七月十三日，艾科卡把生平僅有的面額高達八・一三億美元的支票交到銀行代表手裡。至此，克萊斯勒公司還清所有債務，正好是五年前的這一天，亨利・福特開除他。事後，艾科卡深有感觸地說：「奮力向前，就算時運不濟；不要絕望，就算天崩地裂。」

羅曼・羅蘭曾經說：「痛苦像一把犁，一面犁破你的心，一面掘開生命的新起源。」不知道痛苦，怎麼體會到快樂？痛苦就像一枚青澀的橄欖，品嘗以後才知其甘甜，品嘗它卻需要勇氣！

心懷感恩，善良可以幫助你贏得一切

很多人會問：「什麼是幸福？」不同的人會給出不同的答案。但是有一點是相同的：真實的幸福，是建立在感恩之心的基礎上。

有人問智者：「怎樣做才可以得到自己想要的一切？」

智者回答：「仁慈與善良，可以幫助你贏得一切。」

英國著名的哲學家和法學家邊沁說：「善言必然導致善行。」這並非偶然的個別現象，而是一種普遍行為，因為人與人之間這種夥伴關係總是在產生作用。

俄國作家托爾斯泰曾經說過一個故事：

有一個女孩人見人愛，認識她的人沒有不喜歡她的。

有人問她：「為什麼每個人都喜歡你？」

女孩眨眨眼，笑著回答：「我想，是因為我愛每個人吧！」

答案是多麼的簡單，卻有多麼深刻的啟發意義。我們擁有多少幸福和快樂，取決於我們付出多少愛，幸福和快樂與愛是呈現正比的關係。

有時候，仁慈和善良的行為無法使對方從中得到教益和啟發，但是只要方法適當，這些行為就會使對方感動。仁慈和善良的行為也許無法換來回報，一腔熱血可能會換來一盆冷水，但是別人的冷水無法使我們的熱情消滅，樂善行德不是在於一時的回報。心向善良，當以至誠，盡力把友誼的種子播向人間，這些種子就會找到適合自己生長的土壤，並且在別人的心中生根、發芽、結果。

有些人認為仁慈和善良表現在物質上，給人們仁慈和善良就是給人們利益和財富。其實，仁慈和善良真正的表現是誠摯的心靈。用錢財表現出來的心靈不可靠，而且經常會帶來災難。

真正的仁慈和善良不是消極和被動，而是積極和主動。善良仁慈的人，必定是具有同情心的人；心冷如鐵而麻木不仁的人，不可能與人為善。

至真至善的仁愛，會最大限度地促進人們運用各種方式去積善行德。所謂日行一善，就是為了破除人生的大敵——自私自利。只有如此，未來的道路才可以更平坦。

「好人」因為與人為善、不爭不搶、不使手段、不會拒絕別人，因此經常被利用。我們要做「好人」，但是要有自己的原則，不斷地容忍只會讓自己受到傷害。

面對複雜的社會，「好人」要有保護自己的方法。「好人」應該怎麼保護自己？

確立自己待人處世的原則

有原則，就會有所為、有所不為：例如：寧願送別人錢，也不借別人錢；寧願捨身救人，也不幫助邪佞小人……這些都是原則。有原則，對別人的要求就不會照單全收。如何堅守原則是「好人」的困擾，因此要有拒絕的勇氣，如果可以拒絕別人幾次，別人就不會隨便向我們提出無理的要求。

讓別人瞭解自己的處世原則，可以採用事前打「預防針」的方式，就可以在事先封住別人的所求。這種方法是在日常行為中，適時「透露」自己做事的原則，就可以在不經意之間給別人一些限制。「預防」為主，可以讓自己省去許多麻煩。有一點要特別說明：待人處世的原則要以明辨是非與獨立思考的能力做後盾，否則就會拒絕不應該拒絕的事情，接受不應該接受的要求。

適度的抗議和生氣

有些人以欺負「好人」作為生存的手段，因此自己受到不公平待遇的時候要有勇氣抗議，但是這種抗議必須有氣勢，不必得理不饒人，只要充分表達自己的立場。至於生氣，不必和對方鬧翻，但是要讓對方瞭解自己的立場。應該怎樣表現自己的抗議和生氣？最重要的是：瞭解自己的感覺和看法。

將這些原則變成習慣，就可以避免許多麻煩。總之，想要不被別人欺負，就要武裝自己；不必攻擊別人，但是必須保護自己。

只有具備感恩的心，才會珍惜自己擁有的一切；反之，沒有具備感恩的心，就會產生許多怨恨情緒，何來幸福可言？只有心存感恩，才會幸福一生！

第10章 升級自我

足夠優秀，才是自己最大的本錢

Don't be too hard on yourself.

勇氣是智慧和一定程度教養的必然結果。

——托爾斯泰（俄國）

選對一本好書，勝過十年努力

托爾斯泰有一句名言：「理想的書籍是智慧的鑰匙。」高爾基也曾經說：「書籍是人類進步的階梯。」

生活中，我們無法離開陽光和空氣。同樣地，離開書本的日子最乏味，與書相伴的人生才有意義。

程頤說：「外物之味，久則可厭；讀書之味，愈久愈深。」

張竹坡說：「讀到喜怒俱忘，是大樂境。」

陸次雲說：「讀《三國志》，無人不為劉；讀《南宋書》，無人不冤岳。庸人不知其怒處亦

樂處耳。怒而能樂，惟善讀史者知之。」

蘇軾說：「腹有詩書氣自華。」

托爾斯泰酷愛博覽群書，在他的私人藏書室，參觀者可以看見十三個書櫥，裡面珍藏兩萬三千多冊二十餘種語言的書籍，這些書籍為他的創作提供大量的原始資料。據說，他喜歡把書借給別人看，與別人共享讀書的快樂。

讀書，是一種美麗的行為。在讀書中，天上人間盡收眼底，五湖四海盡在腳下，古今中外醒然可觀。讀書，讓我們懂得什麼是真善美，什麼是假醜惡。讀書，讓我們豐富自己、昇華自己、突破自己、完善自己。

讀書的快樂，全在求知的過程中。讀書，讓我們品味人生的酸甜苦辣，品味生活的各色景觀。

許多人在生活中迷失方向，透過讀書可以把自己從物欲名利中解脫出來，塑造美好的生活觀念。**古今中外的名人在讀書中有精彩的話語，唐朝皮日休說：「惟書有色，豔於西子；惟文有**

華，秀於百卉。」英國莎士比亞說：「書籍是全世界的營養品。生活裡沒有書籍，就像沒有陽光；智慧裡沒有書籍，就像鳥兒沒有翅膀。」

讀書有三大快樂——

快樂之一：我們在現實生活中的提升，都與書籍有密切關係。書籍是我們認識現實的橋樑，書籍使我們脫離蒙昧走向文明。透過讀書，我們可以上知天文下知地理，可以穿越時光隧道與古人相會。

快樂之二：日復一日地閱讀，我們逐漸形成全新的道德觀念和行為準則。同時，讀書是一個讀者與作者交流的過程，我們可以在閱讀中，進入作者的心靈世界。

快樂之三：最重要的是，讀書可以給予我們許多啟示。我們經常在閱讀中，發現自己感受到的事物，只是沒有表達出來，讀書可以喚醒自己潛在的能力。

書是作者智慧的結晶，是對人生經過沉思以後精心篩濾的自我陳述，經常讀書是完成思想成熟的捷徑。

有些人把不喜歡讀書的人比喻為囚徒，他們囚禁在無知的牢籠裡，並且經常抱怨：「生活淡而無味，工作周而復始。」他們無法感到快樂，因為他們把自己套在一成不變的生活中，更多地關注利益和得失，不僅對於外界的精彩無知無覺，而且忽視生活中的點滴快樂，這種損失是非常可怕的。

想要成功，自己要先站穩

只有自己站穩腳步，才可以給別人關懷和信任。想要自己站穩腳步，就要先穩住自己。所以，我們必須加強自己的忍耐能力，所謂「小不忍則亂大謀」就是這個道理。

我們不是萬能的，很多事情自己無法解決而無可奈何，這個時候就需要忍耐。暫時的忍辱負重，可能是解決問題的最好方法，因為意氣用事會錯失良機。

古人說：「和氣生財」，就是透過忍耐以達到和氣的目的。他們懂得忍耐不是懦弱地躲避，而是有意識地忍耐，以求有朝一日東山再起。楚霸王項羽儘管號稱「霸王」，最後卻敗在韓信手中，之所以如此，就是因為不懂得忍耐。

忍耐可以讓自己獲得機會，爭取更大的空間。忍耐是避免危險與煩惱的有效方法，《增廣賢文》說明忍耐的價值：「是非只為多開口，煩惱皆因強出頭。」「忍得一時之氣，免得百日之憂。」孔子曰：「小不忍則亂大謀。」這句話更是廣為流傳。

忍耐是通權達變的生存智慧，所有生活中的智者，都懂得忍耐之道。他們總是以表面上的退讓來換取對方的認同，進而在根本上保證自己更長遠的利益。

忍耐，是理性的以柔克剛、以退為進，顧全的是大局，著眼的是未來。它是人生智慧中不可缺少的，它是一種心法、一種涵養、一種美德，是我們走向成功的必修之術。

隋朝時期，隋煬帝十分殘暴，各地農民起義風起雲湧，許多官員紛紛倒戈，轉向幫助農民起義。因此，隋煬帝的疑心很重，對朝中大臣尤其是外藩重臣更是容易起疑心。

唐國公李淵曾經多次擔任中央和地方官，所到之處，悉心結納當地的英雄豪傑，多方樹立恩德，因此聲望很高，許多人都來歸附。這樣一來，人們都替他擔心，害怕他遭到隋煬帝猜忌。就在這個時候，隋煬帝下詔要李淵到行宮晉見。李淵因病未能前往，隋煬帝很不高興，產生猜疑之心。當時，李淵的外甥女王氏是隋煬帝的妃子，隋煬帝向她問起李淵沒有來朝見的原因，王氏回答是因為生病，隋煬帝又問：「會死嗎？」

王氏把這個消息傳達給李淵，李淵更是謹慎。他知道自己遲早會不容於隋煬帝，但是太早起事又力量不足，只好隱忍等待。他故意敗壞自己的名聲，整天沉湎於聲色犬馬之中，而且大肆張揚。隋煬帝聽到這些消息，逐漸放鬆對他的警戒。

這樣一來，才有後來的太原起兵和大唐帝國的建立。李淵在隋煬帝對自己懷有戒心的時候沒有選擇與之對抗，因為那個時候的他沒有與皇帝對抗的能力，只好在假象的保護下，忍受不情願的痛苦。終於在時機成熟的時候，他建立唐朝，推翻隋煬帝的暴政，不必再忍受暴君的統治。

忍耐，不是被動妥協，不是委曲求全，「沉默是為了雄辯，而非噤聲；雌伏是為了雄飛，而非隱退；忍辱是為了雪恥，而非飲恨！」忍耐，是一種以退為進、以弱勝強的做人哲學！

忍耐作為一種處世的學問，對於人們來說，是絕對不可缺少的。俗話說：「心字頭上一把刀，一事當前忍為高」，無論是在生活中還是工作上，挫折和失敗是難免的，暫時忍耐是戰勝挫折和走出困境的重要方略。可以在關鍵時刻做到忍耐，關鍵在於自己要學會克制，不要把一時的失意當作永遠的失敗，要相信一時的忍耐是為了明天的輝煌。

怎樣培養自己的忍耐能力？

首先，培養自己的寬容之心。寬容是一種偉大，寬容是一種境界。「嚴以律己，寬以待人」，對任何人、任何事，都要用寬容的眼光去看待。

其次，在學習和生活中，應該冷靜穩重，遇事要三思而後言、三思而後行。遇到重大問題的時候，反覆告誡自己不要意氣用事。

再次，用樂觀的態度對待事情。真正的樂觀在於自己的心態，無論什麼時候都可以給自己鼓勵和希望，並且相信自己。

忍耐是品格，是志向，是修養，是意志，是智慧，是能力，是成就偉大事業的必需，是養成高尚品格的必需，是做人做事的必需。學會在忍耐中鍥而不捨地追求，深刻地感悟人生，才是人生最重要的課程。

提著燈籠也要找，尋找自己一輩子的知己

常言道：萬兩黃金容易得，知心一個也難求。人生在世，如果可以結交幾個真心對待自己的朋友，一定要珍惜。好朋友就像一面鏡子，可以照出我們的優點和缺點，如果交到這樣的朋友，就是擁有無價的財富。

說出自己朋友的名字，可能會有上百人，但是如果進行評估就會發現，每個朋友給自己的價值相差懸殊。通常，其中的幾個朋友會比其他的朋友更重要。

朋友不是在於數量，而是在於真正的價值。我們與各個重要朋友之間，以及朋友與朋友之間，都有真正的關係。他們可以適時提供我們需要的幫助，與我們共同謀求利益。

想要獲得穩固而長期的成功，就要掌握二〇%的關鍵人際關係。也就是說，我們八〇%的成功，是來自於二〇%朋友的幫助。

清朝末年的商人胡雪巖人脈充沛，但是真正影響他成功的關鍵人物只有兩個：杭州知府王有齡和湘軍名將左宗棠。前者幫助他站穩腳步，後者讓他事業更上一層樓。

胡雪巖與王有齡交往的時候，正是王有齡落魄之時。當時還是錢莊夥計的胡雪巖冒著危險，慨然將錢莊的五百兩銀子贈予王有齡，供其打通關節做官。王有齡得到胡雪巖相助的五百兩銀子以後，鴻運大發。他在北京得到昔日同窗何桂清的幫助，順利當上浙江海運局坐辦，專門主管海上運糧的船隻。這在清朝末年算得上是一份很有油水的官職，表示胡雪巖選對人，自己也有飛黃騰達的機會。

胡雪巖與左宗棠相遇之時，正是左宗棠攻陷杭州城，軍隊缺糧與缺餉問題嚴重。軍隊吃不飽沒有力氣作戰，又沒有錢發軍餉，所以沒有心思賣力打仗。胡雪巖不談利害，為道義、為殉城的朋友、為左宗棠出錢出力解決這兩個難題，兩人從此結為知己。

職場政治守則的第一條是：「重要的不是在於你知道什麼，而是在於你認識誰。」這是我們應該接受並且妥善利用的生存法則，只依靠能力是不夠的。

可以影響我們一生的朋友只有幾個，知道誰對自己更重要，在人際交往中注重關鍵二〇%的朋友，有利於我們掌握人生。

認識誰不重要，受歡迎才重要

在好萊塢，流行一句話：「一個人是否可以成功，不是在於他知道什麼，而是在於他認識誰。」這句話的重點在於：人脈是一個人通往財富和成功的門票。

許多人以為，只要和藹可親、面帶微笑，就可以讓自己受歡迎，其實不然。想要讓自己受歡迎，不是一件容易的事情。一個人在關鍵時刻表現出來的交際能力，可以成為自己獲得機會和成功的關鍵，讓別人承認與接納自己。

關鍵時刻的交際能力，可以讓自己化被動為主動，表現自己的才華，讓人們對自己刮目相看，給自己帶來更多的機會，最後反敗為勝。

交際能力不是天生的，需要後天加以訓練，只有經過不斷訓練，才可以成為交際高手，讓自己在關鍵時刻展現風采。

受歡迎的人有優良的品格，在處理人際關係的時候，可以做到不卑不亢，顧及別人的面子；受歡迎的人在出現尷尬場面的時候，可以妥善化解，並且調節氣氛；受歡迎的人在出現激烈爭執的時候，可以適時地打圓場，緩和雙方的情緒，產生調節的作用；受歡迎的人對待周圍的人一視同仁，不以貧富美醜、職位高低來劃分親疏，不道別人之短，不說自己之長。

美國總統華盛頓還是一位上校的時候，率領部隊駐守在亞歷山卓。在選舉維吉尼亞州議員的時候，一個名叫威廉・佩恩的人反對華盛頓支持的候選人。在關於選舉問題的某一點上，華盛頓與佩恩形成對抗。華盛頓出言不遜，冒犯佩恩。佩恩一怒之下，將華盛頓一拳打倒在地。

華盛頓的部下聞訊以後，群情激憤，準備教訓佩恩。華盛頓當場加以阻止，並且勸說他們返回營區。就這樣，一場干戈暫時避免了。

第二天早上，華盛頓派人送一張便條給佩恩，要求他盡快趕到當地的一家飯店。佩恩懷著凶多吉少的心情如約到來，他猜想華盛頓會和自己進行一場決鬥，然而出乎意料，華盛頓在那裡擺下豐盛的宴席。

華盛頓見佩恩到來，立刻站起來迎接他，並且笑著說：「佩恩先生，犯錯是人之常情，糾正錯誤是一件光榮的事情。我相信昨天是我不對，你已經在某種程度上得到滿足。如果你認為到此可以解決，握住我的手，讓我們成為朋友吧！」

華盛頓熱情洋溢的話語感動佩恩。從此以後，佩恩成為一個熱烈擁護華盛頓的人。

華盛頓就是在與別人發生衝突的關鍵時刻，發揮與一般人不同的交際風格。他沒有選擇以牙還牙，而是選擇給對方台階，用自己的寬容化解彼此之間的衝突，並且得到一個支持者。交際高手的高明之處，就是在關鍵時刻選擇以化解衝突並且獲得效益的方法來表現個人魅力。

一個受歡迎的人，同時也會樂於助人。樂於助人，可以建立屬於自己的「關係網」，對於生意活動非常有利。樂於助人的人，在性格上也是寬宏大度的，可以融洽氣氛、溝通感情、活躍場面。

想要成為一個交際高手，就要讓周圍的人感受到自己的熱情與真誠，這樣才可以打動別人，調動別人的積極性，才可以推動並且獲得事業的成功。

你就是一座金礦，你的價值超乎你的想像

「認識自我」這句鐫刻在古希臘德爾菲城那座神廟裡的唯一銘文，猶如一把千年不熄的火炬，表達人類與生俱來的內在要求和至高無上的思考命題。

尼采曾經說：「聰明的人只要可以認識自己，就什麼也不會失去。」事實上，每個人都是一座金礦，都有巨大的潛能，都有自己獨特的個性和長處，都可以選擇自己的目標，並且透過不懈的努力，爭取屬於自己的成功。

明代進士莊元臣在《叔苴子．內篇》記載：「禽蟲之鳴，亦有專能，烏之啞啞，鵲之唶唶，蟬之嘒嘒，蟲之唧唧，動於天者，人雖欲效之而不能似也。若鸚鵡鴝鵒，失其真而慕為人言，則

人固得而勝之矣。」大意是說：各種蟲鳥可以鳴叫出各自獨特的聲音最好，不必像鸚鵡和鴝鵒那樣，因為師法人言之巧而喪失心聲。

對此，俄國詩人屠格涅夫也有精彩論述：「在所有的天才之上，重要的是：我敢稱為自己聲音的一種東西。是的，重要的是自己的聲音，重要的是生動而特殊的自己個人所有的音調，這些音調在別人的喉嚨裡無法發出來。」

在這裡，屠格涅夫說的「自己的聲音」，就是一個人擁有的「金礦」。只要是人，就是一座「金礦」。成功地進行開採，就是強者；懶惰於進行挖掘，就是弱者。

古希臘有一位哲人，在風燭殘年之際，為了考驗和點化自己的助手，將其叫到病床前面說：「我的蠟燭所剩不多，要找另一根蠟燭接著點下去，你明白我的意思嗎？」

助手悲痛地回答：「老師，我知道你不想讓自己的光輝思想無法得到傳承……」

「可是，」哲人平靜地說，「我需要一位最優秀的傳承者。他不僅要有相當的智慧，還要有充分的信心和非凡的勇氣……直到目前，我還沒有找到這樣的人。在我離開之前，你可以幫我尋找嗎？」

「好的，好的。」助手溫順地說，「我一定竭盡全力地尋找，不會辜負你的栽培和信任。」

哲人不置可否地微笑，沒有再說什麼。

那位忠誠而勤奮的助手不明白哲人的心事，不辭辛勞地透過各種管道開始尋找。對於他帶回來的那些人，哲人總是婉言謝絕。

哲人的身體一天不如一天，但是那位助手還是沒有完成他的願望。有一次，助手想要繼續尋找的時候，已經病入膏肓的哲人從床上坐起來，無限感慨地對他說：「真是辛苦你。可是你不知道，那些被你辛苦找來的人，沒有一個比你聰明……」

看見哲人說話那麼吃力，助手悲痛地說：「你放心吧！我一定加倍努力，找遍城鄉各地、找遍五湖四海，為你找到一位最優秀的人，讓他繼承你的事業。」

哲人點點頭，又躺下了。

又過了半年，哲人已經處於彌留之際，但是那位助手還是沒有找到適合的人選。他為自己的無能感到十分慚愧，淚流滿面地坐在病床旁邊，語氣沉重地說：「我無法完成你的願望，辜負你的期望！」

「失望的是我，對不起的卻是你自己。」哲人說到這裡，失意地閉上眼睛，停頓很久又哀怨地說，「本來，最優秀的就是你自己，只是你不敢相信自己，才會忽略自己、耽誤自己……其實，每個人都是最優秀的，差別在於：如何認識自己，如何發掘和重用自己……」話沒有說完，哲人就帶著自己沒有傳承下來的光輝思想，永遠離開這個世界。

那位助手非常後悔，可是他從哲人臨終的遺言中得到啟發，認識到自己的價值，進而沿著哲人的足跡，最終取得巨大的成功。

每個嚮往成功的人，都要牢記哲人這句至理名言：你就是一座金礦，關鍵是如何發掘和重用自己。

只要承認自己就是一座「金礦」，並且隨時充滿信心、持之以恆地開發它，就可以在適應自身素質的基礎上，在不同層次的意義上，發現自己彌足珍貴的價值。

心學堂 03

我們都曾不堪一擊，我們終將刀槍不入

作者	吃麵都加醋的老張
美術構成	騾賴耙工作室
封面設計	斐類設計工作室
發行人	羅清維
企劃執行	張緯倫、林義傑
責任行政	陳淑貞

企劃出版	海鷹文化
出版登記	行政院新聞局局版北市業字第780號
發行部	台北市信義區林口街54-4號1樓
電話	02-2727-3008
傳真	02-2727-0603
E-mail	seadove.book@msa.hinet.net

總經銷	知遠文化事業有限公司
地址	新北市深坑區北深路三段155巷25號5樓
電話	02-2664-8800
傳真	02-2664-8801
網址	www.booknews.com.tw

香港總經銷	和平圖書有限公司
地址	香港柴灣嘉業街12號百樂門大廈17樓
電話	（852）2804-6687
傳真	（852）2804-6409

出版日期	2020年08月01日　一版一刷
定價	300元
郵政劃撥	18989626　戶名：海鴿文化出版圖書有限公司

國家圖書館出版品預行編目（CIP）資料

我們都曾不堪一擊，我們終將刀槍不入 ／ 吃麵都加醋的老張作.
-- 一版. -- 臺北市 ： 海鴿文化，2020.08
面 ； 公分. --（心學堂；3）
ISBN 978-986-392-319-0（平裝）

1. 修身 2. 生活指導

192.1　　　　109009503